Werner Gutjahr

AF287134

Rund um den Geiseltalsee

Verlag Rockstuhl

Impressum

Umschlaggestaltung: Harald Rockstuhl

Titelbild: Fotos und Sammlung Werner und Axel Gutjahr

Umschlagrückseite: Grafik Harald Rockstuhl

1. Reprintauflage 2011
ISBN 978-3-86777-312-6

Repro und Satz: Harald Rockstuhl, Bad Langensalza

Fotos und Abbildungen im Buch:
Fotos und Sammlung Werner und Axel Gutjahr

Druck und Bindearbeit: Digital Print Group Oliver Schimek GmbH, Nürnberg/Mittelfranken

Gedruckt auf alterungsbeständigem Papier nach ISO 9706

Die Deutsche Nationalbibliothek verzeichnet diese Publikation in der Deutschen Nationalbibliografie. Detaillierte bibliografische Daten sind im Internet über *http://dnb.d-nb.de* abrufbar.

Verlag Rockstuhl
www.verlag-rockstuhl.de

Inhaber: Harald Rockstuhl
Mitglied des Börsenvereins des Deutschen Buchhandels e.V.
Lange Brüdergasse 12 in D-99947 Bad Langensalza/Thüringen
Telefon: 03603 / 81 22 46   Telefax: 03603 / 81 22 47
www.literaturversand.de

Inhalt

Vorwort

Seit länger als 300 Jahren befindet sich das ehemalige Braunkohlerevier Geiseltal im Wandel und daran hat sich bis heute nichts geändert. Nur hat der Wandel inzwischen eine andere Qualität bekommen. Nachdem nämlich am 30. Juni 1993 die Kohleförderung eingestellt wurde, dienten alle Aktivitäten nicht mehr der Zerstörung der Landschaft, sondern deren Renaturierung und sinnvollen Nutzung. Die Restlöcher wurden durch Flutungen mit Saalewasser in Seen verwandelt, die Hochkippen in Wanderziele mit Aussichtstürmen, in Naturschutzgebiete oder gar in Weinberge. Es wurden Radwanderwege, Hafenanlagen, Schutzhütten und Objekte für die Seeregulierung und die Versorgung der Touristen geschaffen. Aber das ist eben erst der Anfang!
Der Geiseltalsee ist mit 41 Kilometer Uferlänge der größte in dem Revier. Vermutlich werden noch etliche Jahre vergehen, bevor möglichst viele der ehrgeizigen Pläne und Visionen zur Gestaltung seines Umfeldes verwirklicht werden – bestimmt aber nicht alle!
Und letzteres ist es, was mich reizt schon heute über diese enormen Veränderungen zu schreiben, ohne die Vergangenheit auszusparen.

Neumark, Plattform

Aktuelle Seegeschichten

Das Wiedersehen

Sie standen am See auf einer hölzernen Aussichtsplattform und blickten mir entgegen: Rolf ein ehemaliger Baggerführer, Gerd ein Elektriker, Franz unser einstiger Schichtsteiger und Dieter, der mit einer E-Lok fast 40 Jahre Abraum und Braunkohle durch die Geiseltal-Tagebaue transportiert hatte. Mehr als 20 Jahre hatten wir uns nicht gesehen, trotzdem erkannten sie mich sofort wieder.
„Du willst sicher ein neues Buch schreiben?", sagte Gerd und sah mich abwartend an.
„Ich möchte schon." Ungewiss hob ich die Schultern. „Aber noch weiß ich nicht genau, was drinstehen soll – vielleicht ein paar Erinnerungen, auf jeden Fall das viele Neue hier!"
Gerd nickte nachdenklich. Sein Bauch war etwas dicker geworden, seine spärlichen Haarsträhnen bedeckten kaum noch die Glatze.
„Vergiss nicht, deine alten Kumpel zu erwähnen", sagte er. „Ich höre Dieter noch heute fluchen, wenn sein Feierabend nicht klappte. Natürlich warst immer du auf deinem Stellwerk schuld!"
Wer auch sonst?"

Aussichtsturm

Ich grinste den ehemaligen Lokführer an, der ein bisschen verlegen abwinkte und schließlich antwortete: „Das ist doch Schnee von gestern! Erzähle uns lieber, was du dir morgen vorgenommen hast!"

„Ich will mit dem Bus zur Geiselquelle fahren und am See entlang zurück-wandern."

„Na, dann viel Spaß! – Ich radle lieber, aber noch lieber setze ich mich in mein Auto!"

„Jeder nach seiner Fasson!" Lächelnd musterte ich ihn. Auch er hatte ganz schön zugenommen und ein paar Krähenfüße mehr um die Augen.

Dieter ließ sich nicht aus der Ruhe bringen.

„Mein Bauch hat viel Geld gekostet", antwortete er und lachte. „Trotzdem lade ich euch jetzt zu einem Bier ein!"

Franz blickte ihn erstaunt an: „Haben wir denn schon wieder Bergmannstag?"

„Vielleicht!", antwortete Dieter. „Außerdem schuldest du uns noch einen Kasten Bier, seit wir unseren letzten Ehrentag im Park gefeiert haben!"

Franz schüttelte energisch den Kopf. „Du bist nach dem Umzug zu spät gekommen, also hast du zahlen müssen!"

„Nur dass da der Kasten schon leer war, weil du die letzte Flasche herausge-nommen hattest!", entgegnete Dieter gespielt vorwurfsvoll. „Also wärst du drangewesen. Das war damals ein ungeschriebenes Gesetz!"

Auf dem Rastplatz vorm Kiosk hatte es sich eine Radlergruppe gemütlich gemacht. Sie aßen Würstchen mit Salat und tranken dunkles Bier. Wir gesell-ten uns zu ihnen und erfuhren, dass sie aus der Gegend um Zeitz stammen.

„Kennt ihr euch hier aus?", fragte einer von ihnen. „Der See muss doch bald voll sein?"

„Fast", erwiderte Dieter. „Es fehlt noch etwa ein Meter bis der geplante Pegel erreicht ist."

„Wie viele Dörfer wurden im Geiseltal eigentlich abgebrochen?", wollte ein anderer wissen.

„18 Ortschaften wurden völlig oder teilweise zerstört, etwa 12.500 Menschen mussten umgesiedelt werden!", erklärte ihm Franz.

Der Radler, er mochte so um die sechzig sein und hatte sehr helle Augen, nickte vor sich hin. „Und sonst? – ich meine, wie haben die Menschen das damals verkraftet? Schließlich stammen wir auch aus einer Bergbauregion."

„Teils – teils." Franz zuckte mit den Schultern. „Viele Alte taten sich schwer mit der Umsiedlung, aber die meisten Jungen zog es in die Stadt. Besonders nachdem dort die ersten Wohnblocks mit Fernheizung gebaut worden waren."

„Das mag ja alles stimmen", mischte sich Dieter ein. „Aber manchem ist trotzdem der Abschied von der Heimat verdammt schwer gefallen. An Wochenenden kamen immer wieder welche zur Tagebaukante und sahen zu, wie der Löffelbagger die Reste ihrer Häuser oder Gärten in Abraumzüge lud. Meistens standen sie schweigend da. Nur mitunter rief eine Frau: ‚Jetzt reißt er unseren schönen Birnbaum heraus!' oder eine andere, die ein kleines

6

Mädchen an der Hand hatte, sagte wehmütig: ‚Das war unsere Laube, vor der wir im Sommer jeden Abend gesessen haben.‘ – ‚Ja Mama, da war auch meine Schaukel!‘, fügte die Kleine hinzu.“

„Und was habt ihr dabei empfunden?“, fragte einer der Radler.

„Einerlei war uns das bestimmt nicht. Aber letztlich mussten wir uns auf die Rangiersignale des Baggers konzentrieren.“

„Doch es gab auch andere“, mischte Gerd sich ein, „die von ihren Grundstücken Ziegelsteine, Bauholz oder Wasserleitungsrohre holten und meistbietend an Datschenbauer verkauften! Das Geschäft mit Abbruchmaterial florierte nämlich damals!“

Schließlich drängte der mit den hellen Augen zum Aufbruch, weil sie noch am Süßen See vorbei nach Eisleben wollten.

Wir wünschten ihnen eine gute Fahrt mit Hals- und Beinbruch!

Unterwegs zur Geiselquelle

„Am besten Sie fahren mit bis zum Kaufhaus“, hatte mir der freundliche Busfahrer empfohlen. Nun stand ich in Mücheln und blickte mich ratlos um. Das „Kaufhaus“, wie ich später erfuhr, gab es nämlich schon lange nicht mehr. Nur die Haltestelle hieß noch so.

Nach einiger Zeit kam mir ein betagtes Mütterchen mit einer fahrbaren Gehhilfe, an der eine Einkaufstasche hing, entgegen. Sie beschrieb ein wenig umständlich den Weg zur Quelle und meinte schließlich, ich könne ja unterwegs noch mal fragen. Dann seufzte sie: „Ach ja, dort draußen war es immer schön! Es ist schon eine Ewigkeit her, dass ich dort war.“

In der Altstadt kam ich an dem 1571 im Renaissancestil erbauten Rathaus vorbei. ‚Da war doch im Mittelalter mal was mit dem Müchelner Bier?‘, grübelte ich und betrachtete das prächtige Gebäude.

Doch erst als ich fast im Ortsteil St. Ulrich war, fiel mir die alte Geschichte ein: Das Braurecht war damals ein besonderes Privileg, welches viel Geld in die Stadtkasse brachte. Eine sogenannte Bierbannmeile sorgte dafür, dass kein „fremdes Bier“ in die Stadt gelangte. Und wer dieses Gesetz verletzte, wurde hart bestraft.

Natürlich beneideten benachbarte Städte die Müchel’schen um ihr Brau- und Schankrecht. Sie kamen überein, diese bei den obersten Landesherren zu verklagen, weil angeblich das müchelsche Dünnbier schnell säure und niemand gezwungen werden sollte, es zu trinken. Nach einigem Hin und Her schickte das hochfürstliche Kammergericht eine Kommission, um das Bier zu überprüfen. Zufällig lebte damals ein fröhlicher Böttcher, der aus dem Vogtland stammte, in dem Städtchen an der Geisel. Er bot sich an, ein Bier zu brauen, wie es auch der Bischof von Naumburg nicht besser bekäme. Die Ratsherren stimmten zu, und

Rathaus Mücheln

St. Ulrich, Schloss

der Böttcher ordnete an, das Brauhaus sowie sämtliche Geräte gründlich zu säubern. Der Rat verbot sogar, damit das Brauwasser sauber bleibe, „das Kacken in die Geisel".

Die hohen Herren der Kommission waren angenehm überrascht und mussten zugeben, noch nie ein besseres Bier getrunken zu haben. Und die Ratsherren freuten sich, dass nun wieder reichlich Geld in ihre Stadtkasse floss.

An der Geiselquelle

Auf einer Bank an der Quelle saß ein etwa sechsjähriges Mädchen und starrte angestrengt in den Teich. „Das ist Osterwasser", flüsterte die Kleine aufgeregt. „Wenn ich das in der Osternacht hole und mich damit wasche, gehen meine Sommersprossen weg."

„Das ist ja toll!", antwortete ich möglichst ernst. „Und woher weißt du das?"

„Von meiner Oma. Der hat das eine Kräuterfrau erzählt, die mal hier gelebt hat. Die wusste viel mehr über Krankheiten als der Doktor!" Leicht misstrauisch blickte sie mich mit ihren großen blauen Augen an, ob ich ihr auch glaube.

„Aber mir gefallen deine Sommersprossen!", sagte ich. „Du siehst richtig hübsch damit aus!"

„Ich will doch Schönheitskönigin werden oder wenigstens Prinzessin!", antwortete sie leicht unwillig.

„Ja, wenn das so ist!" Ich bückte mich und band die Schnürsenkel meiner Wanderschuhe fester. „Weißt du auch, wie man Osterwasser schöpfen muss?"

„Na, immer mit der Strömung!", antwortete sie vorwurfsvoll. „Sonst hilft es doch nicht."

Als ich um den Teich lief und ein paar Fotos machte starrte sie noch immer in das Wasser. Am liebsten hätte ich meine brennenden Füße darin gekühlt, doch das wollte ich der kleinen Osterwasser-Fanatikerin nicht antun.

Zwar wurde die Geisel schon 1540 zum ersten Mal verlegt, aber seitdem hat sie zumindest zwischen den Ortsteilen St. Micheln und St. Ulrich ihr natürliches Bett behalten. Später wurde der kleine Fluss auf seiner 17 Kilometer langen Reise nach Merseburg, wo er in den Gotthardtteich mündet, noch viermal umgeleitet. 17 Mühlen hat die Geisel unterwegs angetrieben, von denen leider keine mehr völlig erhalten ist.

Das alles ging mir durch den Kopf, während ich in St. Ulrich nahe der Schlosskirche auf einer Brücke stand und in das kristallklare Wasser blickte. Doch es gab auch eine Zeit, da war die Geisel ein geplagtes Lasttier für Chemieabwässer, Braunkohleschlamm und Gülle von überdüngten LPG-Feldern.

Geiselquelle

Geiselmündung in den See

An der „Marina"

Dieser Hafen, am Rande des einstigen Tagebaus Mücheln, wurde 2008 für die Öffentlichkeit freigegeben. Der Hafenturm, die Tourist-Information sowie das Piergebäude mit einem Imbiss, der ein reichhaltiges Speisensortiment anbietet, werden vor allem von zahlreichen Radlern genutzt.

Auf dem Pier setzte ich mich zu einem von ihnen, der versonnen auf das Wasser blickte und dabei in seiner Kaffeetasse rührte.

„Sind Sie um den See gewandert?", fragte er, während ich meinen Rucksack abnahm.

„Ganz so weit war ich nicht." Ich schüttelte den Kopf. „Nur an der Geiselquelle."

Na, immerhin – das ist auch ein ganz schönes Stück. Und wo soll's nun hingehen?"

„Nach Braunsbedra. Dort habe ich mich in einem Hotel einquartiert."

„Ich will weiter nach Naumburg." Er nahm den letzten Schluck aus seiner Tasse und wischte ein paar Krümel von seiner Radlerhose. „Eigentlich kenne ich diese Gegend schon lange, doch es zieht mich immer wieder hierher. Die Veränderungen im Geiseltal sind ja auch enorm!"

„Haben Sie hier gearbeitet?"

Er zögerte einen Moment. „Nicht direkt. Ich bin Geologe und war ab und zu mal zu Besprechungen hier, als der Tagebau noch in Betrieb war. Und wie ist das mit Ihnen?" Neugierig blickte er mich an. „Haben Sie für ihre Anwesenheit auch einen bestimmten Grund?"

„Das kann man wohl sagen. Ich war fast vierzig Jahre E-Lokführer im Tagebau, und davor Straßenbahnführer auf der Strecke Merseburg–Mücheln."

Er nickte beeindruckt. „Da kennen Sie sich ja bestens aus!"

Ich hob leicht die Schultern. „Wie man's nimmt. Als ich zum ersten Mal im Tagebau war und die schrundigen, steilen Böschungen gesehen habe, habe ich gedacht: ‚Was soll bloß aus dieser Landschaft einmal werden?'

Danach verfolgte ich sehr aufmerksam die damals recht bescheidene Renaturierung. Besonders die Versuche eines Doktors, den damaligen Leiter dieser Abteilung, habe ich geradezu bewundert."

Der Geologe hatte aufmerksam zugehört. „Hat dieser Doktor nicht ein Verfahren erfunden, nach welchem ein Gemisch aus Grassamen, Gülle und Bitumen an schwer zugängliche Böschungen gespritzt werden konnte?", fragte er nachdenklich

„Genau! – Doch das war nicht seine einzige Erfindung: So hat er beispielsweise einen Geräteträger in ein Pflanzbohrgerät umbauen lassen und sogar eine Flechtenart entdeckt, die auf den Abraumhalden des „Wismut-Bergbaus", wo sonst nichts wuchs, angesiedelt werden konnte.

„Das ist mir neu!", sagte der Geologe.

„Es stimmt aber!", beharrte ich. „Ich habe in seiner kleinen Versuchsanlage

Marina Mücheln

Geiseltal Express

die Pflanzen selbst gesehen. – Für das, was heute die Touristen hier bestaunen und nutzen können, haben doch eigentlich schon damals die Vorarbeiten begonnen, obwohl die Rekultivierung eine Art fünftes Rad am Wagen war. Vor allem die nötigen Arbeitskräfte waren ein großes Problem, denn aus der Produktion durfte niemand abgezogen werden; ein weiteres die dürftigen Mittel, die für diese Arbeiten von der Kombinatsleitung bewilligt wurden. Anfangs war diese Abteilung nur mit ein paar Spaten und Harken ausgerüstet. Sogar Schulkinder pflanzten für einen Stundenlohn von 2–3 Mark Bäume und Sträucher um den künftigen See.

Unermüdlich forschte der Doktor, um Gewächse heranzuziehen, die resistent gegen die enormen Schadstoffbelastungen der Luft waren, oder gegen die giftigen Dämpfe der Chemieabwässer, die aus den Tagebaurestlöchern aufstiegen.

Die Kombinatsleitung erinnerte sich meistens nur an ihn, wenn Probleme auftraten, mit denen sie nicht fertig wurde. Eines davon war Rieselkohle, die nicht nur die Sanierungsarbeiten behinderte, sondern auf der auch nichts wuchs. Auch hier fand der Doktor eine Grasart mit speziellen Wurzeln, die dort angesiedelt werden konnte. In der Presse wurde nur wenig darüber berichtet. Sie wissen ja, wie das damals war: Das Pferd, das den Hafer verdiente, bekam ihn nur sehr selten!"

„Ja", der Geologe nickte nachdenklich. „Leider ist das heute nicht viel anders, höchstens, dass die Umweltprobleme noch vielseitiger und größer geworden sind."

Als sich mein Gesprächspartner verabschiedet hatte, stand ich noch einige Zeit an der Brüstung des Piers und blickte grübelnd auf den See. Ich versuchte mir vorzustellen, wo entlang die ehemalige Straßenbahnstrecke durch die einstigen Dörfer Naundorf, Körbisdorf, Neumark, Geiselröhlitz, Kämmeritz, Lützkendorf, Möckerling und Zöbiker verlief und schließlich in Mücheln endete – doch es gelang mir nicht. Auf der blassgrauen, leicht wogenden Wasserfläche gab es keine Orientierungspunkte.

Als ich wieder auf dem Radwanderweg war, fuhr gerade der „Geiseltal Express" die Haltestelle an. Gern wäre ich in diese „Eisenbahn" mit Gummibereifung eingestiegen, doch sämtliche Sitzplätze in dem kleinen blau-gelben Gefährt waren schon gebucht.

„Das geht den ganzen Sommer schon so, Kumpel!", sagte der Lokführer. „Wenn du eine Woche vorher bestellst, klappt es meistens! – Aber unten in der ‚Marina' kannst du dir ein Fahrrad ausleihen; falls du nicht laufen willst!", rief er mir nach.

Ich hob meinen Wanderstock als Zeichen, dass ich verstanden hatte, und strebte einer Brücke zu, unter welcher die Geisel über große rötliche Bruchsteine in den See floss. Von dort aus konnte ich einen noch größeren Teil der Wasserfläche überblicken und ich sah eine Weile dem Spiel der Wellen zu und hing meinen Gedanken nach: Direkt an der Wasserkante sollen einmal Bootshäuser entstehen, außerdem sind nahe dem See Wasser- und Landliegeplätze geplant und sogar Ferienhäuser.

In Ufernähe schwammen verschiedene Arten Wildenten; zwei Kormorane hockten auf etwas Astwerk, das aus dem Wasser ragte. Ich spähte angestrengt zu dem Weinberg am anderen Ufer, doch die Rinder, die vermutlich dort weideten, konnte ich nicht erkennen.

Unterwegs nach Braunsbedra begegnete mir kurz vor Krumpa eine Lehrerin, die ich während einer Buchlesung kennengelernt hatte. Wir wanderten ein Stück gemeinsam und sie vertraute mir an, dass sie auch ein Buch schreiben wolle.

„Na, dann man zu!", sagte ich. Was wollen Sie denn schreiben?"

„Schulgeschichten"; antwortete sie, leicht errötend.

Ich nickte zustimmend. „Das ist doch ein feines Thema, wozu Ihnen bestimmt eine Menge einfällt!"

„Das schon – aber wenn ich etwas geschrieben habe und lese es später noch einmal, gefällt es mir meistens nicht mehr."

„Das geht jedem Autor so, nur manche wollen das nicht zugeben. So was ist eigentlich völlig normal. Sätze, die man am leichtesten schluckt, haben dem Schreiber meistens die größte Mühe abverlangt."

Sie nickte vor sich hin. „Ich hab mal gelesen, dass alle Schriftsteller Vorbilder haben. Und wie ist das bei ihnen?"

Ich blickte sie lächelnd an und dachte einen Moment nach: „Natürlich habe auch ich welche!"

Meine Schreiberei haben beeinflusst: E. T. A. Hoffman, H. C. Andersen und vor allem C. F. Gellert. Der zuletzt genannte Dichter weilte ja oft in Braunsbedra. Sicher kennen Sie den Gedenkstein im Park?"

Sie schob eine dunkle Haarsträhne von der Stirn und nickte. „Aber trotzdem verstehe ich nicht, wie Sie ausgerechnet auf diese Dichter gekommen sind?"

„Tja, Das ist gar nicht so einfach zu erklären: Von Hoffmann habe ich gelernt wie man literarische Figuren lebendig macht, von Andersen, wie man die geringsten Dinge literaturwürdig machen kann, und von Gellert die Praxis der Stilistik. Besonders dieser Leipziger Fabeldichter und Universitätsprofessor, der vor etwa 250 Jahren lebte, hat mir, nachdem ich mich an seine etwas antiquierte Sprache gewöhnt hatte, viel gegeben. Durch Zitate wie ,Deutlichkeit und Kürze sind die Haupttugenden der Erzählung' oder: ,Allein man kann durch die Kürze leicht dunkel werden und nicht allein der Deutlichkeit schaden, sondern der Erzählung eine große Zierde, ich meine, das Muntere dadurch benehmen!', habe ich die Stilistik begriffen. Nun war ich erst recht neugierig auf diesen Dichter geworden. Seitdem begleiten mein literarisches Arbeiten Ratschläge von ihm wie: ,So zu erzählen, dass man die Sache nicht allein versteht, sondern dass man glaubt sie selbst zu sehen und ein Zeuge davon zu sein, das heißt lebhaft erzählen.' Dieses geschieht durch die kleinen Gemälde, die man im Erzählen von den Umständen und Personen entwirft,

See, im Hintergrund Stöbnitz

Neumark, Hafenbau

insonderheit wenn man die Personen zuweilen selbst reden lässt und uns dadurch mit ihrem Charakter bekannt macht!"
Die Lehrerin hatte zugehört, ohne mich zu unterbrechen.
„Ich wollte Sie nicht langweilen"; sagte ich vorsichtig, „Aber Sie haben mich gefragt, und ich habe so gut ich konnte geantwortet."
Sie sah mich voll an und erst jetzt bemerkte ich, dass sie leuchtend braune Augen hatte.
„Das hat mich sogar sehr interessiert und ich staune, dass Sie das alles auswendig gelernt haben?"
Ich schüttelte lächelnd den Kopf. „Vorsätzlich gelernt habe ich das eigentlich nicht. Durch häufiges Lesen hat sich das so ergeben."
„Wie oft schon bin ich an dem Gellertstein im Park vorbeigegangen, ohne eine Ahnung von all dem zu haben", antwortete sie nachdenklich. „Im Allgemeinen gaben ja damals die ‚Dichterfürsten' ihr Wissen nicht gern weiter."
„Das stimmt schon." Ich wehrte eine aufdringliche Wespe ab, die es auf meine Fototasche am Gürtel abgesehen hatte. „Aber Gellert war da die große Ausnahme! Er war in erster Linie Lehrer und dann erst Dichter. Sein prominentester Student war übrigens J. W. von Goethe."
In Krumpa verabschiedete sich die Lehrerin. Sie bedankte sich ein wenig verlegen und sagte, dass sie mir gern weiter zugehört hätte, doch die Pflicht rufe.
Ich sah ihr lächelnd nach, bis die schlanke Gestalt hinter einer Wegbiegung verschwunden war.

Wieder auf der Plattform

Meine vier Kumpel diskutierten eifrig mit einem streitlustigen Naturschützer, der am liebsten alle Touristen von dem See verbannen würde, vor allem die mit Hunden.
„Wenn auch deine Forderungen meistens übertrieben sind", sagte Dieter gerade „aber letzteres kann ich verstehen. Manche parken ihr Auto und lassen den Hund heraus, der sofort ein trocknes Plätzchen sucht und sein Geschäft macht. Noch nie habe ich gesehen, dass Frauchen oder Herrchen die Hinterlassenschaft entsorgt haben. Wenn das so weitergeht, stinkt das hier bald zum Himmel!"
„Bis jetzt haben die Geiseltaler alles in Griff bekommen", mischte ich mich ein. „Ich glaube, die werden auch solche Probleme lösen!"
„Wir wollen es hoffen!", sagte Franz und zeigte auf eine junge Frau mit modischen Stiefeln, die einen Dalmatiner an dem Wegrand nahe dem Kiosk führte und sich von den Protesten der Gäste auf dem Rastplatz überhaupt nicht stören ließ. Als der Hund fertig war, lief sie lachend weiter und ließ den großen Haufen liegen.

„Jetzt bist du gefragt, Naturschützer!", sagte Gerd. Doch der Mann in grüner Lodenkluft packte sein Fernglas ein und verdrückte sich grußlos.

„Tja", machte Franz, „es ist natürlich einfacher sich über den Tod einer Schnecke zu empören, die es nicht über den Radweg geschafft hat, als solche Probleme anzugehen!"

„Entschuldigen Sie, wenn ich störe", wandte sich eine Frau an uns, die auf die Plattform gekommen war. „Wo sind eigentlich die Weinberge?"

„Auf der anderen Seeseite", antwortete Dieter und zeigte in die Richtung.

„Sieht man die von hier aus?" Die Frau war zur Brüstung gegangen und spähte angestrengt über den See, dabei die Augen mit der Hand abschirmend.

„Ohne Fernglas kaum!", antwortete Dieter.

„Und wie kommt man dort rüber?"

„Da gibt's drei Möglichkeiten", sagte Rolf geheimnisvoll und musterte verstohlen ihr hübsches Gesicht: Man kann um den See laufen, man kann sich drüben im Hof der katholischen Kirche ein Fahrrad ausleihen oder man kann eine Rundfahrt mit dem Geiseltal Express buchen."

Die Frau lachte und zeigte dabei neckische Grübchen. „Das Wandern überlasse ich lieber jüngeren, aber eine ordentliche Radtour würde meiner Figur bestimmt nicht schaden."

„An der ist doch nichts auszusetzen!", sagte Rolf galant.

„Veralbern kann ich mich selbst, junger Mann!", antwortete sie, noch immer lachend, während sie zur Kirche hinüber lief.

„Und was hast du dir heute noch vorgenommen?", fragte mich Franz und tastete nervös seine Jackentaschen ab. „Ich wollte dir Bilder von dem Waldelefantenskelett zeigen, das wir in Neumark-Nord in unserer Schicht freigelegt haben. Nun habe ich sie doch zu Hause liegen lassen!"

Ich zuckte mit den Schultern. „Da kann man nichts machen. Ich will noch nach Frankleben. Die Ausgrabungsstelle war doch ganz in der Nähe. Dort soll ein sagenhaftes urzeitliches Wildparadies an einem großen See gewesen sein?"

„Jetzt siehst du davon kaum noch was. Da musst du schon nach Halle fahren und dir im Museum die zahlreichen Fossilien von Nashörnern, Elefanten, Hirschen und verschiedenen Raubtieren angucken."

„Warst du nicht sogar Baggerführer, als wir den Waldelefanten gefunden haben?", wandte er sich an Rolf.

„An dem Tag hatte ich freigenommen, weil ich mein Auto fortschaffen musste." Rolf fuhr sich mit der flachen Hand über den Nacken. „Da soll ja allerhand los gewesen sein?"

„Das kann man wohl sagen, zumal das an jenem Tag nicht der einzige Fund war!", sagte Franz. „Ich frage mich noch heute, wo plötzlich die vielen Helfer herkamen?"

„Dabei gewesen wäre ich schon gerne", gab Rolf ein bisschen wehmütig zu.

„Wie alt waren diese Knochen, Stoßzähne und Abdrücke eigentlich?", fragte Dieter interessiert.

„Ungefähr 200.000 Jahre", antwortete Franz. „Aber interessant war vor allem, dass viele Spuren von Menschen gefunden wurden, die damals diese Tiere gejagt haben."

„Es ist fast unglaublich", Gerd schüttelte den Kopf, dass die damals Elefanten und Nashörner mit primitiven Holzspeeren getötet haben!"

„Da siehst du's wieder!", meinte Rolf. „Die Geiseltaler waren schon immer gut!"

Am Geiselauslauf

Unterwegs nach Frankleben begegneten mir immer wieder Radler, aber ab und zu kam auch ein Moped oder gar ein Motorrad gefahren, die hier eigentlich gar nicht verkehren durften, was die Übeltäter ganz genau wussten. Ihre Gesichter waren versteinert. Sie starrten gerade aus und vermieden den Blickkontakt mit mir.

Wo kurz vor Frankleben der See mit einer flachen Bucht endet, bevölkerten ihn zahlreiche Enten und Rallen sowie ein paar Graureiher. Mit lautem „Rätsch, rätsch!" flog ein Eichelhäher vor mir her.

Am Ortsrand sorgt ein modernes Auslaufbauwerk dafür, dass die Geisel, wenn der See den endgültigen Wasserstand erreicht hat, wieder in ihrem alten Bett durch das untere Geiseltal in den Merseburger Gotthardtteich fließen kann. Zurzeit mündet nur unmittelbar hinter dem Auslauf die kanalisierte Leiha in das Geiselbett. Dort hatte sich ein kleiner Teich gebildet, in welchem ich Fische bemerkte. Ein Mann mit einem kleinen Hund hatte mich darauf aufmerksam gemacht. Er warf ab und zu einen Brocken Brot auf das Wasser, doch die Fische schienen keinen Hunger zu haben.

„Sonst kommen sie immer gleich hoch", sagte er. „Es ist das erste Mal, dass sie nicht reagieren!"

„Was sind denn für welche drin?"

Er hob die Schultern. „Genau weiß ich das auch nicht. Bemerkt habe ich Rotfedern und Weißfische. – Sind Sie von Braunsbedra gekommen."

„Ja?" Fragend blickte ich ihn an.

„Sind Sie da einem Radfahrer mit einem kleinen schwarzen Hund auf dem Gepäckträger begegnet? – Wir treffen uns nämlich jeden Tag hier und machen eine Tour."

Ich schüttelte den Kopf. „Da lief nur einer mit einem Hund über eine Wiese, aber ein ganzes Stück weg vom Radweg."

Er warf wieder ein paar Brocken auf das Wasser und schüttelte den Kopf: „Ich verstehe nicht, wo der heute bleibt!"

„Das kann ich Ihnen leider auch nicht sagen", antwortete ich lächelnd. „Steht das Straßenbahndepot eigentlich noch?"

Geiselauslauf bei Frankleben

Er nickte. „Aber Triebwagen oder Anhänger finden Sie dort drin nicht mehr."

„Ich weiß", antwortete ich lächelnd. Schließlich war ich mal Fahrer auf dieser Strecke."

Der Mann bekam große Augen. „Das ist aber lange her?"

„Ungefähr 50 Jahre!"

Er rief nach seinem Hund, der im hohen Unkraut nicht mehr zu sehen war, und sagte schließlich: „Damals war ich noch nicht in der Schule, aber ich kann mich entsinnen, dass sich meine Großmutter immer über das Quietschen geärgert hat, wenn die Bahn durch die Pelzbergkurve fuhr. Wir wohnten nämlich ganz in der Nähe, gleich hinter der Kirche."

Pelzbergkurve

19

„Das kenne ich", antwortete ich grinsend. „Wir hatten einen Fahrer aus Mücheln, der hatte doch tatsächlich im Dienstunterricht vorgeschlagen, unter dem Wagenboden einen Wasserbehälter anzubringen, den er jedes Mal öffnen wollte, wenn er durch eine Kurve fuhr. Als ihn der Fahrbetriebsleiter fragte, wozu das gut sein solle, antwortete er: ‚Dann quietscht's nicht mehr!' Vielleicht hätte dieser Vorschlag Ihrer Oma gefallen?"

„Schon möglich!" Er lachte und zeigte auf einen Radfahrer. „Dort kommt endlich mein Freund!"

Auf dem Weg zum Straßenbahndepot lief ich über den einstigen Oberhof, der inzwischen mit schmucken Eigenheimen bebaut worden war. In einem Garten grasten Kameruner Schafe, zu denen sich ein Schäferhund gesellt hatte, der mich nicht aus den Augen ließ. Nur die Reste einer Scheune erinnerten noch an das historische Gut, den sogenannten Oberhof.

Das Zauntor zum Depothof stand offen. Vor den ehemaligen Wagenhallen parkte ein PKW, aus welchem soeben eine Frau stieg. Ich fragte sie, ob es noch irgendwo Gleisreste gäbe, doch sie schüttelte den Kopf und schob eine graue Harrsträhne von der Stirn.

„Nur der Fahrleitungsmast dort in der Ecke ist geblieben", antwortete sie nach einer Weile. „Ach ja, und vorn am Tor ist noch ein bisschen was!"

Die paar Weichenreste waren fast völlig mit staubigem Sand bedeckt, den ich mit dem Schuh zur Seite schob, um sie fotografieren zu können. Spuren von der Gewichtsweiche, wo das Gleis zur Depoteinfahrt abzweigte, suchte ich vergebens.

Unschlüssig, ob ich die Fossilienfundstätte aufsuchen solle, stand ich eine Weile auf dem ehemaligen Gleisbett und blickte zum See hinunter, als hinter mir eine helle Stimme fragte: „Wissen Sie, wo der Püppchenstein ist?"

Erstaunt drehte ich mich um. Vor mir stand ein rothaariges Mädchen, das sich nun an eine junge Frau mit ebensolchen Haaren drängelte, die mich lächelnd anblickte.

„Nun hat sie aller Mut verlassen!", sagte sie und strich der Kleinen über den Kopf. „Gibt es wirklich so einen Stein hier in der Nähe?"

„Den gibt es – aber nicht so ganz in der Nähe. Sie finden ihn an dem Weg, der von Oberbeuna nach Geusa führt."

„Ich bin nämlich ein Sonntagskind", meldete sich die Kleine, „und möchte die Püppchen tanzen sehen!"

„Hm – aber die tanzen dort nur um Mitternacht. Dann schläfst du doch schon lange!"

„Aber mein Opa hat gesagt, ich soll mir den Stein angucken. Vielleicht hat so ein Püppchen was verloren – Gold vom Kleid oder so was? Haben Sie die Püppchen schon mal gesehen?"

„O ja – aber das war vor fast sechzig Jahren. Da habe ich mir so ein Püppchen geholt und es geheiratet."

„Echt?" Die Kleine starrte mich an wie einen Außerirdischen, während die junge Frau sagte: „Sie sind ein noch besserer Märchenerzähler als mein Vater."

„Das ist aber die reine Wahrheit!", beteuerte ich.

Ihre grünlichen Augen musterten mich höchst misstrauisch. „Zwar bin ich auch ein Sonntagskind – aber das ist mir zu hoch!"

Ich zuckte mit den Schultern. „Auch andere haben sich dort eins geholt. Ich bin nicht der einzige!"

Das muss ja eine richtiger Heiratsmarkt gewesen sein!" Die Junge Frau wusste nicht, ob sie lachen oder wütend sein sollte.

„Was ist das, ein Heiratsmarkt, Mama?", wollte die Kleine wissen.

„Da kann man sich eine Frau oder einen Mann holen."

„Auch einen neuen Papa?"

Die junge Frau war puterrot geworden. „Da sehen Sie, was Sie angerichtet haben!", sagte sie vorwurfsvoll.

„Der Heiratsmarkt war Ihre Idee!", konterte ich. „Trotzdem habe ich die Püppchen dort tanzen sehen – allerdings waren das übermütige junge Mädchen, die von einer Tanzveranstaltung in Geusa kamen und auf dem Nachhauseweg nach Reipisch waren."

„Und da haben Sie sich ein Püppchen geholt!" Die junge Frau blitzte mich schalkhaft an. „Einfach so!"

Einfach so!", wiederholte ich nachdrücklich.

Die Kleine hatte gespannt unser Gespräch verfolgt. „Hatte das Püppchen ein goldenes Kleid an?"

„Vielleicht – es war ziemlich dunkel, aber möglich wäre es schon."

„Komm, Mami. Wir finden dort bestimmt noch ein bisschen Gold!"

Die Junge Frau hob resigniert die Schultern. Aber erst müssen wir den Püppchenstein finden!"

Lächelnd blickte ich den beiden nach und lief dann zum ehemaligen Drescherhaus hinunter, in welchem früher während der Getreide- und Zuckerrübenernte die Saisonarbeiter wohnten. Das langgezogene Gebäude war zu einer Art Reihenwohnungen umgebaut worden die gut zu den übrigen historischen Gebäuden passen. Obwohl an dem Zwiebelturm der 1647 erbauten Dorfkirche Bauarbeiten durchgeführt wurden, war sie geöffnet.

Dann stand ich vor dem Renaissanceschloss aus überputzten Bruchsteinen, das Dietrich von Bose zwischen 1597 und 1603 erbauen ließ. Es ist von einem Wassergraben umgeben und wurde gerade stufenweise saniert.

Neben dem Seitenportal mit zwei restaurierten Torwächterköpfen erzählte eine grauhaarige Frau, sie mochte um die siebzig sein, ihrer Enkelin halblaut die folgende Sage: „Die Tochter des Schlossherren war plötzlich gestorben. Da es niemand gelang, ihre kostbaren Ringe von den geschwollenen Fingern zu streifen, wurde sie mit diesem wertvollen Schmuck aufgebahrt. In der Nacht vor dem Begräbnis schlich sich der Totengräber zu der Leiche und ver-

Wasserschloss Frankleben

suchte mit roher Gewalt, die Ringe von den Fingern des Edelfräuleins zu ziehen. Als ihm das misslang, zog er ein breites Messer aus der Hosentasche und begann mit dem Abschneiden der Finger. Durch den Schmerz erwachte das Edelfräulein, das nur scheintot war, und bewegte sich im Sarg. Der Unhold ließ vor Schreck das Messer fallen und rannte in panischer Angst über den Kirchhof. Sogar sein Windlicht ließ er neben den Sarg stehen.

Das Fräulein nahm das Licht und lief im Sterbehemd mühsam über den Kirchhof zu ihres Vaters Schloss, wo sie um Einlass bat. Der Schlossherr glaubte einen Geist vor sich zu haben und wollte die Tür nicht eher öffnen, bis seine verstorbenen Geschwister wieder an den Fenstern ihrer Zimmer im Seitenflügel zu sehen waren. Er hatte kaum ausgesprochen, da schauten beide dort heraus. Nun öffnete er die Tür und nahm – mit Freudentränen in den Augen – seine todgeglaubte Tochter in die Arme. Zur Erinnerung ließ der Schlossherr an dem Portal die Köpfe seiner Geschwister anbringen."

Die Kleine hatte mit offnem Munde zugehört.

„Oma, gibt es dort drin noch Geister?", fragte sie nach einer Weile.

Gutmütig lächelnd hob die Frau die Schultern.

Torwächterköpfe

„Ich glaube nicht. Außerdem war ja das Edelfräulein nur scheintot. So ähnlich wie Schneewittchen, bis der vergiftete Apfel wieder raus war."

„Und was wurde aus dem bösen Friedhofsmann?"

„Den Totengräber meinst du? – Der hat bestimmt auch seine Strafe bekommen!"

Ich ließ die beiden allein und machte noch ein paar Fotos von dem ehrwürdigen Gebäude.

Nahe der Straßenbrücke befindet sich am Geiselbett das Pegelhäuschen. Hier werden elektronisch die täglichen Wasserschwankungen des Sees kontrolliert und ausgewertet, was für die Bauarbeiten sowie die Regulierung äußerst wichtig ist.

Ein Mann sah interessiert zu, wie ich den Lattenpegel fotografierte, der einem großen Lineal ähnelt, das von der Uferböschung bis in das Wasser reicht.

„Dort drüben sind noch die Gräben von unserer ehemaligen Wassermühle zu sehen!", sagte er und zeigte auf die andere Brückenseite.

„Die Mühle gibt es aber schon lange nicht mehr?"

Er nickte „Das ist schon etliche Jahre her, seit sich das Rad zum letzten Mal drehte. Vermutlich hatte das etwas mit der Verlegung der Geisel zu tun. – Und Sie scheinen auf Wanderschaft zu sein?"

„So kann man es auch nennen", antwortete ich. „Mich interessiert der See und seine Umgebung und dazu gehört schließlich auch Frankleben."

„Hm." Der Mann kratzte sich an seinem grauen Haaransatz. „Das wird bestimmt mal ein beliebtes Erholungsgebiet – so lange alles gut geht! Wasser sorgt bekanntlich hin und wieder für unliebsame Überraschungen!"

„Letzteres stimmt schon. Aber wir wollen doch den Teufel nicht gleich an die Wand malen! – Gibt es hier eigentlich noch die alte Schmiede?"

„Ja, haben Sie denn zwei Flaschen Wein in ihrem Rucksack?"

Ich muss wohl ein ziemlich blödes Gesicht gemacht haben, denn er schmunzelte hinterhältig und sagte: „Das war früher in der Schmiede der Lohn für das Beschlagen eines Pferdes. Man konnte auch noch wählen zwischen Trab-, Galopp- und Fliegeisen. So was gab's nur hier in Frankleben!"

Und wann war das?", fragte ich grinsend.

„Vor 1714", antwortete er prompt.

„Wie kommen Sie darauf?" Kopfschüttelnd blickte ich ihn an.

„Diese Zahl steht auf einer Art Wappen am Wohnhaus der Schmiede auf dem Topfmarkt."

„Und wie komme ich dort hin?"

„Ich zeige es Ihnen."

Schmiede Frankleben

Als wir ein Stück gelaufen waren, fragte ich meinen Begleiter, was aus den durstigen Hufschmieden geworden ist.

„Die waren eines Tages spurlos verschwunden!", antwortete er. „Vorher hatten sie einem Reiter für zwei Flaschen Wein, die dieser aus der Satteltasche nahm, das Pferd beschlagen. Um seinen Vorrat wieder aufzufrischen, verlangte er im nahen Gasthaus zwei andere. Doch der schlitzohrige Wirt hatte die neuen Hufeisen bemerkt und forderte sie als Gegenwert für den Wein, wobei ihm ein korrupter Richter recht gab.

Abermals suchte nun der Reiter die Hufschmiede auf und ließ für den Wein sein Pferd diesmal mit Fliegeisen beschlagen. Danach ritt er wieder zum Gasthaus, um seine Satteltasche erneut zu füllen, und wieder verlangte der Wirt die neuen Eisen.

‚Das soll der Richter entscheiden!', erwiderte der Reiter und ritt vor dem Wirt her, der kaum folgen konnte.

Als sie in die sumpfige Geiselaue kamen, flog der Reiter darüber, während der Wirt mit seinem Pferd in dem Morast versank."

Wie's scheint, werden in Frankleben nur noch Sagen erzählt", sagte ich lächelnd. „Zuerst traf ich eine junge Frau, die mit ihrer kleinen Tochter zum Püppchenstein wollte und dann bin ich am Schloss einer Oma begegnet, die ihrer Enkelin ebenfalls eine Sage erzählte."

Jahreszahl an der Schmiede

„Das wird meine Frau gewesen sein!" Der Graukopf blickte die Straße hinauf. „Ich glaube, dort oben kommen die beiden. – Falls Sie noch nicht gegessen haben", sagte er, als ich meinen Rucksack zurechtrückte und mich verabschiedete, „drüben am See ist ein Imbiss. Dort kostet jedes Gericht oder Getränk nur einen Euro!"

24

Im „Hühnerwagen"

„Morgen will ich eine Rundfahrt um den See mitmachen!", verkündete ich meinen vier Kumpeln, die wieder auf der Plattform standen.

„Mit dem ‚Express' oder dem Hühnerwagen?", fragte Dieter.

„Nun sag bloß, diese Karreten fahren immer noch rum?"

Dieter nickte grinsend. „Zumindest sehen sie so aus!"

„Ein bisschen komfortabler sind sie inzwischen schon eingerichtet", meinte Rolf. „Trotzdem musst du dein Gebiss festhalten, damit es während der Fahrt nicht rausfällt! Gerd hat heute noch eine Beule, die er sich damals geholt hat, als der Fahrer im Tagebau durch ein tiefes Schlagloch gebrettert ist. Na ja, bei seinem Fliegengewicht war es kein Wunder, dass er durch den halben Kasten und mit dem Kopf gegen die Decke geflogen ist!"

„Genau so war's!", antwortete der Elektriker. „Und dass die Achse gehalten hat, haben wir eigentlich nur dir zu verdanken. Wenn nämlich du mit deinem Gewicht darüber gesessen hättest, wäre sie bestimmt gebrochen."

„Die Fahrten zu den Baggern oder Ablösepunkten waren mitunter echt abenteuerlich"; sagte Franz nachdenklich, während er einen winzigen Holzsplitter aus seinem Daumen zog. „Und so was willst du dir noch einmal antun?"

„So schlimm wie damals wird's wohl nicht werden", antwortete ich etwas lahm und forschte verstohlen in ihren ernsten Gesichtern: Nirgends fand ich die Spur von einem Grinsen. Ich wusste nicht so recht, woran ich war. Aber das wusste ich bei den vier eigentlich nie.

Auf dem Parkplatz vorm Sportlerheim wartete eine Gruppe Touristen. Sie trugen Körbe mit Getränken, mit Obstkuchen, der mit Folie abgedeckt war, und duftenden Kaffeekannen. In einem lag sogar ein lachendes Baby, das sich recht wohl zu fühlen schien.

Die eigentliche Fahrt in dem geländegängigen Aufsitzer begann in Frankleben am Auslaufbauwerk. Während unsere Moderatorin allerhand Wissenswertes erklärte, hielt ich vergeblich Ausschau nach den Fischen. Als der Fahrer zum Aufbruch drängte, wurde eine Frau vermisst.

„Die wollte Vögel auf dem See fotografieren", sagte ihr Mann, der nervös seine Kinnspitze massierte.

Der Fahrer stieg kopfschüttelnd ein und hupte ein paar Mal kurz. Plötzlich tauchte der Kopf der Frau zwischen Goldrute und Rainfarn auf. Hastig verstaute sie die Kamera und kam angerannt.

Unser nächster „Halt" war am Pegelhäuschen. Während die Moderatorin darauf hinwies, welche wichtige Funktion dieses kleine Gebäude für die Wasserregulierung des Sees habe, fiel mir ein Erlebnis aus meiner Straßenbahnerzeit ein: Ich wohnte damals im nahen Reipisch, einem Ortsteil von Frankleben. In dem Gemeindehaus lebten noch zwei weitere Straßenbahner, die damals schon in Ruhestand waren. Der nächste Weg zum Depot führte die

Aufsitzer für Seerundfahrten

Ehemaliges Straßenbahndepot

Hohle (eine Art Feldweg) hinauf und dann weiter durch eine Kleingartenanlage.

Als ich an jenem Wintermorgen gegen 4 Uhr die Hoftür öffnete, konnte ich vor Nebel nicht das Haus auf der anderen Straßenseite erkennen. Die Luft war eisig, und in der Hohle wurde die Sicht noch schlechter. Endlich begannen die Staketzäune der Gärten, an denen ich mich entlang tastete. Aber leider in die verkehrte

Richtung. Plötzlich hörte ich Wasser gluckern, dann zerbrach eine Eisschicht und mein Filzstiefel versank bis zum Schaft im Geiselwasser.

Als ich zum Depot kam war der Stiefel hart gefroren und ich bekam ihn erst mit Hilfe eines Kollegen vom Fuß.

Meine Gedanken kreisten noch um dieses Erlebnis, als mich ein kleines Schlagloch in die Wirklichkeit holte. Wir fuhren jetzt auf einer unbefestigten Straße nahe der Kippe Blösien, wo bis zur politischen Wende russische Rake-ten stationiert waren. Viel spürten wir damals von der Anwesenheit unserer „sowjetischen Freunde" nicht. Nur hin und wieder kamen Offiziere mit Jagd-gewehren auf das Tagebaugelände und schossen die wenigen Hasen weg. Ein-fache Soldaten sahen wir fast gar nicht.

Umso mehr war ich erschrocken, als einer von ihnen aus einem Wagen meines Abraumzuges guckte, mit dem ich zum Bagger unterwegs war. Ich hielt an, nahm einen Hammer aus dem Werkzeugschrank meiner E-Lok, rannte am Zug entlang. Um mir selbst Mut zu machen, brüllte ich schon von weitem: „Ist da jemand?"

Da alles ruhig blieb, klopfte ich mit dem Hammer gegen den Kasten und klet-terte schließlich hoch: Der Russe war verschwunden!

Nun wurde im gesamten Tagebau der Strom abgeschaltet und ein Suchtrupp zusammengestellt, an welchem sich auch russische Soldaten beteiligten. Mein blinder Passagier wurde nicht gefunden.

Als der Zweig einer Robinie das Wagendach streifte, machte sich das Baby in seinem Körbchen bemerkbar. Die junge Mutter nahm es heraus und strich ihm beruhigend über sein Köpfchen.

„Jetzt kommen wir nach Neumark-Nord, wo zahlreiche Fossilreste von der Maus bis zum Elefanten gefunden wurden!", verkündete unsere Moderatorin und hielt einen versteinerten Knochen hoch.

„Hier war vor ungefähr 200.000 Jahren ein See mit einer reichhaltigen Vege-tation, der diese Tiere angelockt hatte. Ganz in die Nähe sollen irgendwann ein Museum und ein Café gebaut werden."

Knochenfund aus dem Geiseltal
Fundstelle - Tagebaubereich Neumark – Nord
Unterkiefer eines Waldelefanten
Alter ca. 200 000 Jahre

„Wurden hier auch die berühmten Waldelefanten gefunden?", fragte ein grau-haariger Mann, der mit einem Tuch die Gläser seiner Brille polierte und diese dann gegen das Licht hielt.

Unsere Moderatorin nickte eifrig. „Genau hier! Die ersten Fossilien wurden 1985 entdeckt.

Danach kamen mehrere Knochenfelder zum Vorschein. Oft hatten die Archäologen bei ihren Ausgrabungen die Abraumbagger im Nacken. Wenn es nötig war, wurde auch nachts gearbeitet. Mitunter halfen Kumpel spontan bei den Arbeiten. Die vielen Elefantenfossilien waren schon eine Sensation!"

„Wurden hier auch richtig wilde Tiere gefunden?", wollte ein Junge wissen, der mit offenem Mund zugehört hatte.

„Die waren alle wild!", antwortete lächelnd unsere Betreuerin. „Was für welche meinst du denn genau?"

Der Junge wurde rot und suchte nach Worten. „Na solche großen wie Löwen und so!"

„Die Moderatorin nickte. „Skelette wurden von Höhlenlöwen, von Wölfen und Hyänen entdeckt. Außerdem haben Braunbären und Füchse an diesem See gelebt."

„Und was für Pflanzen hat es dort gegeben?", fragte interessiert die Mutter von dem Baby.

„Der sogenannten Saale-Eiszeit folgte eine Warmzeit", erklärte ihr die Moderatorin, „zu deren Beginn durch Schmelzwasser dieser See entstand. Zuerst wuchs dort eine arktische Steppenvegetation, der mit zunehmender Erwärmung erste Waldbäume wie Birken und Kiefern folgten. Später wanderten anspruchsvollere Gewächse wie Liguster, Sanddorn, Ulmen und Eichen zu. Zwischen den Wäldern waren Steppen mit Süßgräsern, Beifuß- und Gänsefußarten. – Entschuldigen Sie!", unterbrach sich die Moderatorin, während sie eine Wasserflasche öffnete „Aber jetzt muss ich erst mal was trinken, sonst bekomme ich kein Wort mehr heraus!"

Dann blickte sie zu dem Jungen, der sich mit erhobenem Zeigefinger meldete wie in der Schule: „Und was hast du noch auf dem Herzen?"

Der etwa Zehnjährige wurde wieder rot vor Verlegenheit und wollte wissen, ob schon Menschen an dem See gelebt haben?

„Auf jeden Fall haben sie dort gejagt!", antwortete lächelnd die Frau. Vielleicht haben sie dort auch ab und zu übernachtet, aber meistens werden sie herumgewandert sein."

„Haben die auch große Tiere gejagt?"

„Sicher." Die Moderatorin lächelte noch immer. Sie schien dem wissbegierigen Jungen inzwischen ins Herz geschlossen zu haben. „Einfache Holzspeere und Messer aus Feuerstein waren ihre Waffen."

„Und das alles haben die vom Museum hier gefunden?"

„Genau! Das alles und noch viel, viel mehr."

Beim Geiseltal-Winzer

Die Piste wurde nun etwas holpriger, aber lange nicht so schlimm, wie es mir meine Kumpel auf der Plattform ausgemalt hatten. Wir fuhren an der ehemaligen „Bauerkippe" vorbei, wo früher Obstbäume und Beerensträucher für eine Müchel'sche Konservenfabrik standen, und weiter am Rande der Klobikauer Halde entlang zum Weinberg.

Rastplatz am Weinberg

Weinanbaugebiet Klobikau

Auf dem kleinen Rastplatz vor dem Weinausschank waren alle Plätze besetzt. Immer mehr Radler fanden sich ein und stellten sich wie zu DDR-Zeiten an das Ende der beachtlichen Menschenschlange. Der Rosé, den mir der Winzer eingeschenkt hatte, war fruchtig und erfrischend. Genau das Richtige bei einer Temperatur um die 30° Celsius. Mit meinem Glas in der Hand steuerte ich auf einen Platz zu, der gerade frei geworden war.

An dem Tisch saß ein Tourist mit fast weißen Augenbrauen, der prüfend einen kleinen Schluck Wein „kaute" und schließlich in das Glas roch. Seiner Miene nach schien er mit dem Test zufrieden zu sein. Dann musterte er mich abschätzend und sagte: „Wenn mir vor zehn Jahren jemand gesagt hätte, dass hier solcher Wein wächst, den hätte ich für verrückt erklärt! Aber an diesem Müller-Thurgau stimmt so ziemlich alles!"

Ich nickte lächelnd. „Wem sagen Sie das! Ich habe hier im Tagebau fast 40 Jahre als Lokführer gearbeitet. Lange war ich der Meinung, dass in dieser zerstörten Landschaft nie wieder etwas wachsen würde, am allerwenigsten Wein!"

Der Mann hielt sein Weinglas gegen das Licht und nahm einen weiteren Schluck. „Vorurteile sind da, damit man sie aufhebt!", sagte er. „Ich bin ein alter Geiseltaler. Was es hier früher nie gab, war der Satz: ‚Das geht nicht!' "

Gern hätte ich mit diesem „Philosophen" noch weiter geplaudert, doch ich wollte vor der Weiterfahrt des Aufsitzers noch zu den Ochsen hinunter, die im Weinberg als „Rasenmäher" und „Unkrautvertilger" eingesetzt waren.

Als ich ein Stück am Weidezaun entlang war, hörte ich jemand mit heller Stimme rufen: „Gehen Sie zu den Kühen?" Erstaunt drehte ich mich um und sah den Jungen aus dem Aufsitzer, der mir zuwinkte. „Kann ich mitkommen? Alleine darf ich nicht dort runter."

Ich zuckte mit den Schultern. „Von mir aus. Aber sage vorher deinen Eltern Bescheid. Ich warte hier!"

Am Weidezaun gelehnt, dachte ich über das Wort „Hühnerwagen" nach: Irgendwo musste doch das Spitzwort für diese Aufsitzer herstammen, mit denen wir durch den Tagebau zu unseren Ablöseorten gefahren wurden. Zwar hatte ich in den ersten Nachkriegsjahren ein paar Mal erlebt, dass von einem großen Gut aus Hühner in ehemaligen Wehrmachtsfahrzeugen auf abgeerntete Felder gefahren wurden, wo sie sich „satt picken" konnten. Aber ob das der Grund für diesen Spitznamen war?

Die Stimme des Jungen riss mich aus meinem Grübeln. Er konnte nicht schnell genug bei den „Kühen" sein.

„Das sind Ochsen", erklärte ich ihm. „Hereford-Rinder, die in Schottland gezüchtet werden."

„Die fressen wohl Wein?"

„Vielleicht", antwortete ich lächelnd. „Aber das sollen sie ja nicht. Sie sollen das viele Gras und Unkraut fressen, damit dort Wein angebaut werden kann. – Aber nun müssen wir wieder hoch. Die steigen schon alle ein!" Ich zeigte auf den Aufsitzer, in welchen gerade die junge Frau mit dem Baby kletterte.

Auf der Halbinsel

Der Weg wurde wieder holpriger, weil irgendein Raupenfahrzeug seine Spuren hinterlassen hatte. Eigentlich waren alle recht froh, als wir die Wetterschutzhütte auf der Halbinsel erreicht hatten, und das nicht nur des WC's wegen.

Nordisches Geschiebe (Findlinge)

Die Frauen der Touristengruppe platzierten Kaffeetassen auf einem Tisch und stellten riesige Thermoskannen in die Mitte, während die Männer Findlinge bestaunten, die am Böschungsrand lagen. Die junge Mutter hatte ihr Baby auf dem Schoß und fütterte es.

„Möchten Sie auch ein Stück Kuchen?", fragte mich eine Frau mit blitzenden Augen und leicht heiserer Stimme, als ich mich etwas abseits mit der Moderatorin und dem Fahrer des Aufsitzers unterhielt, die beide in der Rekultivierungsabteilung des einstigen Braunkohlekombinates gearbeitet hatten.

Wetterschutzhütte

Ich lehnte dankend ab, da ich einen Trupp Schulkinder zur Hütte kommen sah, deren Lehrerin mir bekannt vorkam.

„Sind Sie extra hier rauf gekommen, um mit mir über das kreative Schreiben zu reden oder wollen sie noch mehr über Gellert erfahren?", empfing ich sie.

Sie lachte. „Eigentlich will ich mit meiner Klasse über die Geschichte und Zukunft des Geiseltalsees sprechen!"

Ich nickte anerkennend. „Dazu ist das hier genau der passende Ort!"

Ein Mädchen fragte, ob es sich mal die großen Steine, die das Eis von Norden hergeschoben hat, angucken könne.

„Die Findlinge meinst du?" Die Lehrerin nickte. „Aber lauft nicht weiter weg, wir wollen dann anfangen! Und Sie – was hat Sie hier hoch verschlagen?"

„Ich habe mich dieser Gruppe angeschlossen", antwortete ich, dabei auf die lustige Kaffeerunde zeigend.

„Haben Sie zufällig hier im ehemaligen Tagebau gearbeitet?" Forschend blickte sie mich an und wieder faszinierten mich ihre braunen Augen. „Wir bräuchten jemand, der uns von dieser Zeit erzählt!"

Unentschlossen hob ich die Schultern. „Und wie komme ich dann nach Braunsbedra?"

„Wir rücken alle ein bisschen zusammen, dann reicht der Platz!", antwortete sie schelmisch lächelnd.

Nachdem mich die Lehrerin vorgestellt hatte, erklärte sie den Kindern, dass hier vor vielen Millionen Jahren einmal Wälder mit Palmen und riesigen Mammutbäumen waren, aus denen die Braunkohle entstand. Danach wechselten Eis- und Warmzeiten einander ab, was man durch unterschiedliche geologische Schichten sowie durch Fossilienfunde nachvollziehen kann. Sie verwies auf die Fundstelle Neumark-Nord, wo nach 1985 eine große Anzahl Tierknochen und andere Fossilien entdeckt wurden, die ungefähr 200.000 Jahre alt waren.

„Und die großen Steine? Wie sind die ins Geiseltal gekommen?", fragte ein Mädchen mit leicht heiserer Stimme.

„Die hat das Eis vor sich hergeschoben", erklärte die Lehrerin. „Darum nennt man sie auch ‚nordische Geschiebeblöcke'! Doch nun wird uns Max vorlesen, wie im Geiseltal die erste Kohle gefunden wurde."

Der Junge hatte feine Schweißperlen unter seinem rötlichen Haaransatz und blätterte hektisch in einem blauen Heft.

„Schön ruhig, Max, sagte die Lehrerin. „Ich weiß doch, dass du das hinbekommst!"

Noch immer etwas aufgeregt begann der Junge zu lesen: „Dort, wo sich später die Grube ‚Pauline' befand, hütete einst ein Junge die Ziegen seines Vaters. Der Junge hatte sich unter eine blühende Linde gelegt und sah den Bienen zu, die eifrig Pollen und Nektar sammelten. Plötzlich kam ein großer Vogel geflogen und kurz darauf hörte der Junge jemand jämmerlich schreien: ‚Hinweg du garstiger Vogel! Hilfe, Hilfe! Er will mich entführen!' In die Hilferufe, die wie das Schreien und Wimmern eines kleinen Kindes klangen, mischte sich das Gekreisch des großen Vogels.

Dem Lärm nachlaufend, kam der Junge zum Eingang einer Erdhöhle, wo ein großer Bussard, auf einen kleinen in Leder gekleideten Kobold einhackte und ihn zu packen versuchte. Der Junge schlug mit seinem Hirtenstab den Vogel, bis dieser wütend krächzend davonflog.

‚Hab Dank, Hütejunge!‘, sagte schwer atmend der Kobold. ‚Deine Tat soll belohnt werden!‘

Er rutschte auf dem Hosenboden in seine Höhle und rief dem Jungen zu, ihm zu folgen. Der schmale Gang endete vor einer silbernen Tür, an die der Kobold dreimal klopfte, worauf sich diese öffnete. Dahinter war ein großer Saal, dessen Wände wie Gold, Silber und Edelgestein funkelten. Geblendet schloss der Junge die Augen und hörte den Kleinen sagen: ‚Hier siehst du alle Schätze der Erde! Ihr Menschen könnt sie heben, wenn ihr vernünftig mit ihnen umgeht.‘ Mit einem kleinen Schlegel hieb der Kobold ein paar glänzende Brocken von den Wänden, die er dem Jungen in die Hosentaschen steckte. Dann führte er ihn wieder ans Tageslicht.

Der Vater schalt den Jungen, weil dieser zu spät heimkam. Als der nun auch noch von dem Kobold und dem Vogel erzählte, schrie der Vater: ‚Mich anlügen – das fehlte noch! Wer weiß, wo du die Steine aufgesammelt hast!‘

Wütend schleuderte er die glänzenden Brocken in eine Zimmerecke, wovon einige in das Herdfeuer purzelten. Nach und nach verbreitete sich eine wohlige Wärme in der Hütte, die kaum von den heruntergebrannten Holzscheiten herrühren konnte. Der Vater hörte auf, seine Suppe zu löffeln und kniete sich neugierig vor den Herd. Die glänzenden Brocken glimmten und brannten anhaltender als Holz.

Am nächsten Tag suchten Vater und Sohn vergeblich die Erdhöhle. Sie begannen an der Stelle zu graben und fanden schließlich die brennbaren Steine, die soviel Wärme ausstrahlten.“

„Das hast du sehr gut gemacht, Max!“, lobte die Lehrerin. „Zumal du die Sage nicht einfach abgeschrieben, sondern so aufgeschrieben hast, wie sie dir in den Sinn kam. Dafür bekommst du eine Eins!

Der Junge strahlte und fuhr sich mit dem Handrücken über seine schweißnasse Stirn.

„Und nun sind Sie dran!“, wandte sich die Lehrerin lächelnd an mich. „Mal sehen, was wir Ihnen für eine Note geben können?“

„Ich glaube nicht, dass ich so gut wie Max bin, aber ich werde mir Mühe geben: Es könnte die Stelle gewesen sein, wo die beiden gegraben hatten, zu der 1698 Bergleute aus Weißenfels im Auftrag des Landesherren kamen, um nach Braunkohle zu suchen. Sie fanden die brennenden Steine nicht nur dort, sondern auch an anderen Orten im Geiseltal. Nun ließen auch Grundbesitzer auf ihren Feldern nach Kohle graben, da das Brennholz in dieser Gegend ohnehin immer rarer wurde. Aus diesen sogenannten Bauernschächten, mancherorts entstanden daraus Dorfteiche, wurde die Kohle mit Ochsengespannen transportiert.

Tagebau-E-Lok

Anschließend wurden die Brocken zerkleinert und mit Wasser verrührt. Daraus formte man eine Art Ziegel und trocknete diese auf Holzgestellen an der Luft. Nach dem Siegeszug der Dampfmaschine, wurden auch im Geisetal die ersten Zuckerfabriken gebaut. Ein damaliger Postbeamter erfand eine Brikettpresse und es entstanden die ersten Brikettfabriken. Von nun an stieg der Bedarf an Braunkohle enorm. Nun lösten Züge mit Dampflokomotiven die Ochsen- und Pferdegespanne ab. Die schwere Handarbeit der Bergleute übernahmen Bagger, die zunehmend leistungsstärker wurden. E-Loks lösten die schnaufenden Dampfloks ab und transportierten Abraum sowie Kohle in speziellen Waggons.

Baggereimer

Um den Bedarf der Chemiegiganten „Leuna" und „Buna" an Braunkohle nachzukommen, mussten Dörfer und Ortsteile sowie die Straßenbahnstrecke Merseburg–Mücheln abgerissen bzw. rückgebaut werden. Auch die Geisel und die Reichsbahn wurden mehrmals verlegt.

„Mein Opa war hier Baggerführer!", sagte ein Mädchen, das sich gemeldet hatte. „Der hat auch solche großen Steine gefunden."

„Darüber hat er sich bestimmt nicht gefreut!", antwortete ich lächelnd. „Wenn nämlich so ein Findling beim Baggern bemerkt wurde, musste er frei geschaufelt und mit einem dicken Drahtseil zur Seite gezogen werden. Mitunter wurde auch der Bagger durch so einen Stein arg beschädigt. Manche waren so groß, dass sie gesprengt werden mussten."

„Haben das auch die Baggerleute gemacht?", wollte ein Junge wissen.

„Das Sprengen, meinst du – richtig hieß es ‚Schießen', weil dabei keine Splitter durch die Luft flogen, sondern der Stein in sich zusammenfiel. Trotzdem sperrte der Sprengmeister rundum alles ab und gab ein Achtungssignal mit einem Horn und nach der Sprengung damit die Entwarnung."

„Und hat das laut geknallt?" Der Junge ließ mich nicht aus den Augen.

„Das kann man wohl sagen!" Ich nickte vor mich hin. „Manchmal zersprangen durch die Druckwelle sogar Fensterscheiben von einem Bagger oder einer Lok!"

Der Junge wollte noch etwas fragen, doch ein dunkelhaariges Mädchen unterbrach ihn energisch: „Jetzt ist erstmal Lisa dran! Die meldet sich schon lange."

Das Gesicht der zierlichen Schülerin glühte. „Mein Opa hat auf dem Leuna-Bahnhof als Rangiermeister gearbeitet", sagte sie mit leiser, aber klarer Stimme. „Die hatten dort eine Amsel, die mit den Rangierern gefrühstückt hat:"

Ein paar Jungen grinsten und machten: „Piep, piep!"

Die Lehrerin blickte sie vorwurfsvoll an, sodass sie verlegen schwiegen. Die Kleine war wieder rot geworden und ich nickte ihr aufmunternd zu, worauf sie fort fuhr: „Die war so zahm, dass sie sogar ein Stückchen Apfel nahm, das ein Rangierer ihr hinhielt."

„Diese Amsel habe ich auch gekannt", antwortete ich. „Sie – oder richtiger er – hieß Jakob. Es war nämlich ein Amselhahn, der sich um die Frühstückszeit in der Nähe aufhielt und sobald er gerufen wurde, sofort angehüpft kam."

„Haben Sie auch dort gearbeitet?", fragte ein Junge.

„Ja und nein. Ich war E-Lokführer und habe mitunter Kohle aus dem Tagebau zum Leuna-Bahnhof gebracht. Manchmal musste ich dort oben auf Leerwagen aus Leuna warten und habe dann mit den Rangierern gefrühstückt – daher kannte ich Jakob."

„Es wird Zeit, Kinder!" Die Lehrerin guckte auf ihre Armbanduhr.

In dem Kleinbus saß ich auf der Rückbank neben der Lehrerin. Es war ein bisschen eng, was mich jedoch keineswegs störte – im Gegenteil. An der „Marina" hielten wir an und die Kinder holten sich Eis.

„Hat es Ihnen wenigstens gefallen?", fragte mich die Lehrerin.

„O ja! Aber am schönsten war die Busfahrt bis hierher!"

„Mir war es ein bisschen zu eng!", antwortete sie und blickte mich übermütig an.

„Ich werde bis Braunsbedra die Luft anhalten und mich ganz schmal machen!" versprach ich ihr.

Bei Wind und Wetter

Am nächsten Morgen regnete es heftig. Unschlüssig stand ich im Hotel am Fenster. Bis auf ein paar Schulkinder in Regenkleidung war unten der Marktplatz leer. Der Himmel sah aus, als wolle es nie aufhören. Eigentlich wollte ich noch einmal zum Schloss Frankleben und weiter zur Halde Blösien wandern, aber wie gesagt – das Wetter!

Gegen zehn Uhr ließ der Regen nach und ich machte mich auf dem Weg zur Aussichtsplattform.

Unterwegs fielen nur noch einzelne Tropfen, aber die Sonne blieb hinter den tief hängenden grauen Wolken. Ich hatte nicht erwartet, jemand auf der Plattform anzutreffen – doch meine vier Kumpel waren da.

„Dass du dich her getraut hast?" sagte Franz, während er mit einem Tuch seine Brillengläser polierte.

„Ihr seid ja auch hier!", entgegnete ich.

„Wir sind ja auch Wind und Wetter gewöhnt, aber du auf deiner E-Lok hattest ein Dach über dem Kopf und im Führerhaus am liebsten Jesuslatschen an, damit der Fußboden schön sauber blieb.

„Später, als er auf dem Stellwerk war, hat er sogar gebohnert!", fügte Gerd etwas boshaft hinzu.

Wolltest du nicht gestern eine Rundfahrt um den See mitmachen?", fragte mich Dieter.

„Das habe ich doch getan!" Erstaunt blickte ich ihn an.

„Und warum bist du nicht mit den anderen hier ausgestiegen?" Dieter guckte jetzt wie ein Staatsanwalt.

„Weil ich unterwegs jemand getroffen habe."

„War sie wenigstens hübsch?", fragte Gerd und grinste.

„Das kann man wohl sagen!" Ich spitzte die Lippen und hob leicht die Hand. „Aber leider hatte sie eine ganze Schulklasse dabei."

„Und du bist trotzdem geblieben?" Gerd wiegte leicht den Kopf. „Da muss das ja ein toller Käfer gewesen sein!"

„Sie hatte mich darum gebeten", antwortete ich leichthin. „Während ihr hier den ganzen Tag Maulaffen feilhaltet, habe ich den Kindern etwas über die Arbeit im Tagebau erzählt!"

Rolf sah mich skeptisch an. „Das hat die doch gar nicht interessiert", sagte er, und zog den Reißverschluss seiner Jacke hoch. „Die haben doch ganz was anderes im Kopf!"

"Das glaubst auch bloß du! Von den meisten haben doch der Opa oder die Oma oder irgendjemand aus der Verwandtschaft im Tagebau gearbeitet. Ich fand es jedenfalls gut, was sich die Lehrerin da hat einfallen lassen!"

"Noch dazu eine, die sich sehen lassen kann!", fügte Gerd ein wenig hinter-hältig hinzu.

Dann musterte er den Himmel über den See und sagte: "Männer, es geht gleich los!"

Er hatte es kaum ausgesprochen, da fielen erste Tropfen. Wir schlugen unsere Kragen hoch und eilten zum nahen Gasthaus.

Schon im Flur war es angenehm warm. Die Wirtin, eine attraktive Frau so um die vierzig, zeigte auf eine gemütliche Sitzecke, über der eine goldene Gru-benlampe und ein paar Fotos vom einstigen "Neumark" hingen. An der Wand gegenüber knisterte ein lustiges Holzfeuer in einem schönen alten Kamin. "Genau das Richtige für ehemalige Tagebaukumpel, die ausgiebig schwatzen wollen!", sagte sie lächelnd.

Der Regen war stärker geworden und trommelte heftig gegen die Fenster-scheiben.

"Bei solchem Wetter ist doch in der Parksiedlung mal ein im Bau befindliches Lehmhaus zusammengerutscht", sagte ich nach einer Weile.

Die Vier blickten mich verständnislos an.

"In der Parksiedlung sagst du?" Gerd massierte mit dem Mittelfinger seine Augenbraue. "Wo soll denn das gewesen sein?

"Oben in der Merseburger Straße. Da stehen doch einige Häuser aus Lehm."

"Jetzt entsinne ich mich", sagte Rolf und nahm einen Bierdeckel aus dem Ständer auf dem Tisch, weil die Wirtin mit einem Tablett voll Gläser kam. "Das muss so sechsundfünfzig oder siebenundfünfzig gewesen sein. Aber wie hast du denn das erfahren?"

Ich blickte kurz zum Fenster und mir schien, der Regen sei noch stärker geworden. "Na, damals war ich doch Straßenbahnführer! An der Haltestelle ‚Neumark-Bahnhof' stiegen nicht nur die Fahrgäste aus der Siedlung ein und aus, sondern mitunter auch welche aus Braunsbedra. Von denen hatte ich das aufgeschnappt."

"Warum haben die damals überhaupt Lehmhäuser gebaut?", fragte kopfschüt-telnd Dieter.

Franz fühlte sich angesprochen und hob die Schultern. "Vermutlich fehlte es an Baumaterial und die Bagger standen unmittelbar vor den Dörfern. Aber immerhin – die anderen Lehmbauten in der Straße stehen heute noch".

"Gab's denn vom Bahnhof nach Mausewitz – wie damals die im Bau befindli-che Parksiedlung genannt wurde – schon eine ordentliche Straße?", wollte Gerd wissen.

"Ich kenne nur noch den Schleifweg", sagte Rolf und nahm einen kräftigen Schluck aus seinem Bierglas. "Das war aber eher eine Art Feldweg. Nur ein Stück war gepflastert, was jedoch zu einem Bauernhof gehörte. Um Baufierheit zu schaffen, wurde auch dieses Pflaster herausgenommen. Doch eine Bäuerin empfand das wohl als Unrecht und setzte nachts die Pflastersteine wieder an ihre alten Plätze. Einige Zeit ging das so: am Tage raus, nachts rein! Schließlich legte sich ein Polizist auf die Lauer und stellte die Übeltäterin auf frischer Tat."

„Das waren damals wilde Jahre im Geiseltal!", sagte Dieter nachdenklich. „Was da für zwielichtige Gestalten durch die Abbruchdörfer geschlichen sind! Jeder nahm mit, was er gebrauchen konnte: Türen, Fenster, Wasserleitungsrohre oder Stromkabel. Mitunter verschwanden ganze Stapel Ziegelsteine spurlos oder riesige Dachbalken."

Inzwischen hatte der Regen etwas nachgelassen und schließlich hörte es ganz auf, doch überall standen riesige Pfützen.

„Lass ihn hängen!", sagte Franz, als ich zu meinem Rucksack am Garderobenhaken blickte. „Ich bestelle noch 'ne Runde Bier."

Plauderei unterm Sonnenschirm

Die beiden saßen im Straßencafe unter einem Sonnenschirm und blickten mir aufmerksam entgegen. Sie waren die einzigen Gäste und schienen erfreut zu sein, als ich mich zu ihnen setzte. Die Frau, so in den Fünfzigern, hatte ein rundes, gutmütiges Gesicht; der Mann war eher hager und schien sich seiner gebräunten Haut nach viel im Freien aufzuhalten. Sie erzählten mir begeistert von einer Wanderung am See und wollten sich nun noch ein bisschen in Braunsbedra umsehen.

„Vom Schloss, das jetzt Seniorenheim ist, und vom „Gellertstein" im Park haben wir gehört", sagte der Mann und nahm den letzten Schluck aus seinem Bierglas. „Wir kommen nämlich aus der Nähe von Hainichen in Sachsen, wo sich das Gellert-Museum befindet."

„Dann ist der Besuch des Denkmals sozusagen eine Pflichtübung!", antwortete ich lächelnd.

Der Mann nickte und die Frau sagte: „Abgesehen von den schmucken Häusern und Grünflächen scheint es hier – im Vergleich zu Bad Lauchstädt oder Mücheln – jedoch nicht viel Sehenswertes zu geben?"

„Soviel wie in diesen Orten nicht", gab ich zu. „Aber einiges haben die historischen Ortskerne Braunsdorf und Bedra, an die sich die Neustadt lehnt, doch zu bieten.

Die Frau schenkte sich Kaffee ein und blickte mich dann neugierig an: „Da sind wir wirklich gespannt!"

Ich legte erstmal einen Bierdeckel bereit, weil ich die Servieren kommen sah. Dann befeuchtete ich mit einem herzhaften Schluck meine Kehle und begann zu erzählen: „Dass Schloss in Braunsbedra wurde in seiner heutigen Form zwar erst um 1820 erbaut, aber seine Geschichte reicht zurück bis 1260.

Braunsbedra, Markt

In der Parksiedlung

Es soll damals von Raubrittern aus dem mächtigen Geschlecht der Knutonen, die ihren Stammsitz in Kirchscheidungen zwischen Freyburg und Nebra hatten, vom Lösegeld für einen entführten Merseburger Bischof erbaut worden sein. Dieser noch junge, ungefähr zwanzigjährige Kirchenmann war dienstlich im mittleren Geiseltal unterwegs, als er und seine Begleiter von zwei Knutonen-Rittern angehalten wurden.

‚Haltet ein in euer Reise', forderte sie der ältere auf, ‚und erkläret uns wer ihr seid, wen ihr dienet und was der Ansinn eurer Fahrt ist!'

Da die Gefolgsleute keinen Widerstand leisteten, wurde der junge Bischof gefangen genommen und in ein Schloss der Knutonen gebracht, bis die Ritter das geforderte Lösegeld bekommen hatten. Übrigens gehörten auch die Güter in den ehemaligen Geiseltaldörfern Kämmeritz, Möckerling, Neumark und Zorbau den Knutonen.

Das waren ja schreckliche Zeiten damals im Geiseltal!", sagte lächelnd der Mann. „Aber Sie sprachen von ‚einigen' Interessanten?"

Ich nickte und wischte mit dem Handrücken Bierschaum von den Lippen und fuhr dann fort: „Sicher haben Sie schon in irgendeinem Zusammenhang die Wendung ‚das Fahrrad zweimal erfinden' gehört oder vielleicht selbst gebraucht."

Beide nickten und warteten gespannt ab, was nun kam.

„Das Fahrrad – oder genauer sein Vorgänger das Laufrad – wurde nämlich tatsächlich zweimal erfunden. Der erste Erfinder war Michael Kaßler, ein Stellmacher oder Wagener wie das damals hieß, aus Braunsdorf, der noch Frondienste auf dem Bedraer Gut und im Schloss derer von Taubenheim leisten musste. Die Idee für sein Laufrad soll ihm nach folgendem Rüffel vom Schlossherren gekommen sein: ‚Kerl, mache er sich Räder unter die Beine, dann ist er schneller, wenn ich ihn rufe!'

Seine „Laufmaschine" baute der Stellmacher um 1761 und soll damit von Braunsdorf zum Schloss Bedra gefahren sein. Sicher wusste er nicht, dass man eine Erfindung patentieren lassen muss, um eventuelle Ansprüche geltend zu machen. – Aber das heutige Braunsbedra hat diesen Erfinder nicht vergessen und ihm im Ortsteil Braunsdorf nahe seiner Wirkungsstätte einen Gedenkstein gesetzt.

Der zweite ‚Erfinder' ein gewisser Karl Friedrich Freiherr Drais von Sauerbronn lebte von 1785 – 1851 in Baden und baute 1817 ebenfalls eine Laufmaschine, die er ‚Draissienne' nannte und unverzüglich patentieren ließ. Schon 1811 hatte er seinen Job als Forstmeister und -lehrer aufgegeben und arbeitete als freier Erfinder. Für die einen war er ein kluger Kopf, für die anderen ein Scharlatan, den man auch als Spinner und Versager hinstellte.

Immerhin gilt heute dieser Drais als eine Art Fahrradpionier, ein Ruhm, den eigentlich der Braunsdorfer Stellmacher verdient hätte. Heute bezeichnet man als Draisine ein Eisenbahnfahrzeug zur Streckenkontrolle."

"Das war aber eine große Ungerechtigkeit!", empörte sich die Frau. "Warum hat sich dieser Stellmacher das gefallen lassen?"

"Wenn er es überhaupt erfahren hat, was hätte er denn dagegen tun können?", antwortete der Mann und fuhr mit der Handfläche über seinen Nacken. "Dieser Drais hatte das Patent und galt somit als der Erfinder! Ich finde es gut, dass die Braunsbedraer ihren erfinderischen Sohn trotzdem nicht vergessen haben."

Die Frau nickte zögernd. "Wie dem auch sei – ich finde jedenfalls so was nicht in Ordnung!"

"Ein bisschen sehe ich Braunsbedra jetzt schon mit anderen Augen", sagte der Mann nachdenklich. "Haben Sie noch mehr solcher historischen Überraschungen auf Lager?"

"Ich nickte lächelnd. "Aber bevor ich weiter erzähle, trinke ich erst in aller Ruhe mein Bier aus."

"Und ich schaue mal nach, was die Eisdiele zu bieten hat!", sagte die Frau und schob ihren Stuhl zurück.

Gellerstein

Käpler-Rad

„Denk an deine Figur, Mutter!", rief ihr der Mann scherzhaft nach. Dann winkte er die Bedienung an unseren Tisch.

Als die Frau mit einem beachtlich Eisbecher, auf welchem ein bunter Papierschirm steckte, zurückkam, blickten mich beide wieder erwartungsvoll an. Also tat ich ihnen den Gefallen und nahm den Faden wieder auf: „Im November 1757 bestieg Friedrich der Große den Braunsdorfer Kirchturm, um das Gelände vor der Schlacht bei Rossbach zu sondieren. Danach ließ er Wachen vor der Kirche aufstellen, die das in der Kirche befindliche Gut der Dorfbewohner vor Plünderern schützen sollten. Die anschließende Nacht verbrachte der Preußenkönig im Braunsdorfer Pfarrhaus und ritt schon zeitig am Morgen in die Schlacht".

„Eigentlich kann ich mich für Kriege und Schlachten wenig begeistern", sagte die Frau, während sie ein paar Kuchenkrümel von der Tischplatte wischte. „Aber immerhin ist das kleine Geiseltaldorf so in die Weltgeschichte eingegangen!"

„Du passt eben nicht mehr so richtig in die Zeit, Mutter!", antwortete lächelnd der Mann. „Heute gibt es so viele Traditionsvereine, deren Größtes es ist, irgend eine Schlacht möglichst detailgetreu nachzustellen oder gar die Lunte an einer historischen Kanone zünden zu dürfen!"

„Genau", antwortete ich und massierte meinen Nacken. „Aber da wäre noch etwas: Falls Sie schon das Stadtwappen von Braunsbedra gesehen haben, wird Ihnen aufgefallen sein, dass es neben dem Laufrad einen sogenannten Kipp-Pflug beinhaltet, der eine Erfindung des Bedraer Schmiedemeisters Eduard Dörge ist. Dieser rührige Mann – er lebte von 1841 bis 1925 – hat außerdem noch andere landwirtschaftliche Geräte erfunden oder verbessert. Auch ihm wurde ein Denkmal in Form eines Pfluges gesetzt."

„Mutter, ich glaube unser Nachmittag ist gerettet!", sagte der Mann unternehmungslustig. „Jetzt gehen wir auf Besichtigungstour!"

Lächelnd blickte ich den beiden nach, die mir von der Treppe aus noch einmal zuwinkten.

Die Fische im See

Am nächsten Morgen standen noch vereinzelte Wolken am Himmel und die Dächer waren feucht. Trotzdem wanderte ich zur Plattform. ‚Bekanntlich gibt es kein schlechtes Wetter, sondern nur unpassende Kleidung!', dachte ich unterwegs und atmete tief die klare Luft ein. Als ich den See fast erreicht hatte, kam die Sonne hervor.

Franz und Gerd unterhielten sich auf der Plattform über die Fische im See.

„Ich hab den ganzen Morgen schon überlegt – mir will einfach nicht einfallen, wie die hießen, die damals eingesetzt wurden?", sagte Gerd gerade, als ich mich zu den beiden gesellte.

43

„Vielleicht weiß es unser schlauer Schreiberling?", meinte Franz und grinste mich an.

„Wenn ich zugeguckt hätte wie ihr, wüsste ich den Namen bestimmt!", antwortete ich und zeigte zum Aussichtsturm, wo Rolf und Dieter kamen. „Vielleicht haben die beiden ein besseres Gedächtnis!"

Das waren Maränen!", antwortete Rolf sofort. „Der richtige Name ist ‚Kleine Maräne'. Es sind Schwarmfische, die in Tiefen bis zu 50 Meter leben. Sie sollen sich recht gut entwickelt haben."

„Die davon übrig geblieben sind", antwortete Dieter. Ein Biologe, der damals dabei war, sagte, dass etwa Zweidrittel von den anderen gefressen würden."

Rolf nickte, während Gerd skeptisch fragte: „Und wo sollen die anderen hergekommen sein?"

„Ja von wo schon?", höhnte Rolf, während er den Kragen seiner Jacke zurückschlug und den Kragenknopf an seinem Hemd öffnete. Aus der Geisel, der Leiha, der Stöbnitz und schließlich ist die Rohrleitung, durch die aus der Saale Wasser in den See gepumpt wird, dick genug!"

„Zur Not passt da ein Hai oder ein Wal durch!", fügte Dieter grinsend hinzu. Gerd zog es vor zu schweigen und blickte zwei attraktiven Radlerinnen nach, die an der Haltestelle vom „Geiseltal Express" abstiegen und den Fahrplan studierten.

„An der Kirche gibt's noch Fahrräder!", sagte Rolf und grinste. „Vielleicht nehmen die dich mit!"

Dieter wiegte den Kopf. „Bis Krumpa könnte er zur Not mithalten – aber weiter...?"

Gerd nagte an seiner Unterlippe. „Nun sucht euch mal wieder einen anderen aus. Langsam wird es langweilig!", antwortete er schief lächelnd.

Picknick an der Halde

Ich war schon eine reichliche Stunde am Nordufer unterwegs, als ich neben dem Aussichtsturm Stöbnitz eine sonnige Bank entdeckte, die mich daran erinnerte, dass in meinem Rucksack noch ein zünftiges Frühstück wartete. Ich wischte über die klobige Sitzfläche, schnürte meine Wanderschuhe auf und streckte ächzend die Beine. Dann pellte ich ein ordentliches Stück Knackwurst, aß dunkles Brot dazu und zum Abschluss eine Apfelsine. Satt und zufrieden lehnte ich mich mit einem wohligen Gefühl zurück und blinzelte eine Weile in die Sonne. Schließlich fielen mir die Augen zu.

Plötzlich stand er vor mir und blickte mich aufmerksam an.

„Irgendwoher kenne ich den?", dachte ich im Halbschlaf und versuchte mich zu erinnern. ‚Dieser altmodische breitkrempige Hut, dieses asketische Gesicht mit der geraden Nase, dieser lange, weite Mantel, unter dem Reitstiefel mit kleinen Sporen hervorguckten – wer war das nur?'

An der Halde

„Was ist das für ein Gewässer?" Fragend blickte mich das rätselhafte Wesen an.

„Wer sind Sie?", entgegnete ich misstrauisch.

„Ein Weimarer Dichter", antwortete er fein lächelnd. „Zu meiner Zeit weilte ich oft im nahen Bad Lauchstädt, besonders das Theater erforderte meine Anwesenheit. Nur dieses riesige Gewässer kenne ich nicht! – Darf ich mich eine Weile zu Euch setzen?"

Ich räumte meinen Rucksack zur Seite und machte eine einladende Handbewegung. Dann zeigte ich auf den See: „Hier wurde fast 300 Jahre Braunkohle abgebaut. Das Restloch wird seit 2003 mit Wasser gefüllt und nun entsteht hier aus einer Art unfruchtbaren Mondlandschaft ein anspruchsvolles Erholungsgebiet."

,Das Theater in Bad Lauchstädt!', grübelte

Schiffsanleger am Nordufer

ich, während ich ihn verstohlen beobachtete. Und plötzlich wusste ich, wen ich vor mir hatte!

„Eigentlich ist es verwunderlich", fuhr ich lächelnd fort, „dass Ihre geologischen Studien Sie nie ins nahe Geiseltal geführt haben, zumindest seit 1802 das Theater eröffnet wurde. Außerdem haben Sie ja auch eine Bergwerkskommission geleitet?"

Mein Banknachbar verzog das Gesicht, als habe er Zahnschmerzen. „Ihr könnt… Ach was! Lassen wir doch das steife ‚Sie' und ‚Ihr' und sagen ‚du' zu einander."

Ich war einigermaßen überrascht, dass er so ohne Weiteres alles Förmliche über Bord warf, und hob die Schultern: „Von mir aus gerne! Nur wie soll ich dich nennen – schließlich hast du zwei Vornamen?"

„Wolfgang wäre mir am liebsten." Nachdenklich massierte er eine Augenbraue. „Du kannst dir kaum vorstellen, wie ich die Aufsicht über den Kupfer- und Silberbergbau in Ilmenau verabscheut habe, zumal es mir damals nicht gelang, die Gruben aufzubessern. Ich war jung und voller Tatendrang, aber kein Mensch wusste was ich tat und mit wie viel Feinden ich kämpfte, um das wenige hervorzubringen! Der Bergbau dort wurde ja ziemlich schnell wieder eingestellt." Er blickte eine Weile auf den See und fragte plötzlich: „Wozu wurde diese viele Braunkohle gebraucht?"

„Zum Feuern und Heizen. Du weißt doch sicher auch, das hier eine holzarme Gegend war."

Er nickte, den gestreckten Zeigefinger gegen die Wange gelehnt. „Jetzt entsinne ich mich, dass mein Freund Carlyle, der den Preußenkönig während der Schlacht bei Rossbach begleitete, von Holzgestellen vor Häusern in den Dörfern erzählte, auf denen eine Art Torfziegel von der Sonne getrocknet wurden."

„Tja, antwortete ich", damals hat wohl noch niemand geahnt, wie begehrt die Braunkohle einmal im Zeitalter der Dampfmaschinen und Chemiebetriebe werden würde."

Dann musste ich hüsteln, weil meine Kehle trocken war. Ich nahm zwei Flaschen Selterwasser aus meinem Rucksack und bot ihm eine davon an.

„Ist das ‚Lauchstädtern Brunnen'?", wollte er wissen.

Ich schüttelte den Kopf. „Zumindest steht auf dem Flaschenetikett etwas anderes."

Wolfgang schien brennenden Durst zu haben, denn er leerte die halbe Flasche ohne abzusetzen. „Das schmeckt fast so gut wie Wein!", sagte er lächelnd.

Ich schnürte meinen Rucksack wieder zu und zeigte zur nahen Klobikauer Halde.

„Den gibt's hier auch. Seit einigen Jahren wird dort drüben welcher angebaut!

Wolfgang blickte mich ungläubig an. „Sagtest du nicht der Boden sei unfruchtbar – und nun gedeiht darauf sogar Wein?"

Ich nickte. „Als das Loch hier immer größer wurde, gab es Menschen, die sich Gedanken machten, was aus dieser zerstörten Landschaft einmal werden soll?

Manche schmiedeten Zukunftspläne, andere forschten begeistert für die Renaturierung. Zu letzteren gehörte ein Doktor aus Mücheln, dessen selbstloser Einsatz für die Natur vermutlich auch dich beeindruckt hätte!"

„Das höre ich gern!" Wieder blickte er versonnen auf den See. „Bestimmt haben hier auch viele Menschen gelebt?"

„Ungefähr 12.500 mussten ihre Dörfer verlassen, weil Kohle darunter war."

„Und die Häuser und Gärten und die Kirchen – was geschah mit denen?"

Ich hob leicht die Schultern. „Die wurden dem Erdboden gleich gemacht."

Wolfgang schien über das Gesagte nachzudenken und schließlich breitete sich ein Lächeln auf seinem Gesicht aus und er wies auf die begrünten Halden und die Bäume im Uferbereich „Bei allem was Menschen tun", sagte er nachdenklich, „die Natur ist ihnen stets weit voraus. Und das ist gut so!"

Ich nickte. „Die Natur, der große Lehrmeister!"

Er blickte wieder auf das Wasser. „Allerdings müssen ihre Gesetze beachtet werden!"

Als ich darauf antworten wollte, streifte etwas meinen Fuß und vor Schreck öffnete ich die Augen. Ein großer Hund war dabei, ausgiebig meine Wanderschuhe und meinen Rucksack zu beschnuppern, während eine junge Frau vom Radweg aus mit kräftiger Stimme rief: „Anja, was fällt dir ein! Wirst du wohl sofort herkommen!"

Die weiße Hündin ließ sich bei ihrer Schnupperei nicht stören.

„Nun geh zum Frauchen!", sagte ich schließlich, worauf sie mich mit ihren braunen Augen aufmerksam anblickte und schließlich davon trottete.

Erst jetzt bemerkte ich, dass der Platz neben mir leer war.

Geisy

Unterwegs zur Plattform dachte ich über meinen Tagtraum nach. Einige Bilder sah ich ganz klar vor mir, die meisten jedoch nur noch verschwommen. Was hatte eigentlich meine Fantasie angeregt? Vielleicht die Nähe der Goethestadt Bad Lauchstädt oder die zahlreichen geologischen Exkursionen des Dichters? Es war sinnlos darüber zu grübeln und vor allem nutzlos. Dann bemerkte ich auf der Plattform meine Kumpel und überlegte, ob ich ihnen von meinem Traum erzählen soll?

Die vier hatten die Köpfe zusammengesteckt und diskutierten eifrig. Ab und zu machte Dieter mit ausgestrecktem Arm eine halbkreisförmige Bewegung in Richtung See, während ihn die drei anderen halb interessiert, halb skeptisch zusahen.

„Es sah aus wie ein Seehund!", schrie Dieter plötzlich. „Was ich gesehen habe, habe ich gesehen!"

„Mein Schwager will bei Frankleben ein ähnliches Tier beobachtet haben", meinte Gerd vorsichtig. „Zuerst habe ich ihn ausgelacht, aber…"

„Warum auch nicht? Nessie im Geiseltalsee – das wäre doch mal was anderes!", unterbrach ihn Rolf und grinste.
Franz wiegte den Kopf. „Irgendein
kleines Monster mit struppigem Kopf
treibt sich also im See herum. Ich
schlage vor, wir nennen es ‚Geisy‘ –
oder?"
Ich hatte neben der Plattform zugehört: ‚Dagegen war ja mein Traum ein
Kinderspiel‘, überlegte ich. ‚Irgendwas muss Dieter im See gesehen
haben? Und wenn es auch nur eine
struppige Wurzel war?‘
„Haltet ihr Ausschau nach einem
Ungeheuer?", gab ich mich ahnungs-
los, was mir einen misstrauischen
Blick von Dieter einbrachte.
„Im See soll sich ein Seehund tum-
meln!", klärte Franz mich auf. „Bei
deinen vielen Wanderungen müsste

Gasthaus „Glück auf"

der dir eigentlich schon aufgefallen sein?"
„Der hat einen großen struppigen Kopf und sogar schon einen Namen!",
meinte Rolf spöttisch. „Zwar erinnert der Name ein bisschen an das schotti-
sche Monster – aber er ist immerhin besser als gar keiner."

Tagebau bei Krumpa, 1997 (heute See)

Ich schüttelte den Kopf und hob die Schultern. „Ich habe bisher noch nichts bemerkt. Und wie heißt das kleine Seemonster nun?"

„Geisy!", antworte Franz.

„Was existiert braucht auch einen Namen", sagte ich lächelnd. „Vielleicht wird Geisy bald ‚die' Attraktion des Sees!"

Geologische Fenster

Unmittelbar an die ehemalige Brikettfabrik „Cecilie" grenzte die Gaststätte „Glück auf". Und dieses Lützkendorfer Lokal, wo der Kohlestaub mitunter fingerdick auf dem Dach und den Fenstersimsen lag, hatte eine Besonderheit: Der Wirt versorgte nämlich seine Gäste nicht nur mit Bier und Schnaps, sondern im Hinterzimmer rasierte er sie auch und schnitt ihnen die Haare. Wegen dieses Doppelgewerbes dauerte mitunter so eine Verschönerungs-Sitzung bis kurz vor Mitternacht.

„Gestern ist es wieder spät bei Karl geworden!" pflegte dann eine Nachbarin zu sagen, wenn sie mit einem Scheuerlappen, den sie um einen Schrubber gewickelt hatte, die niedrigen Fenster ihres Hauses von außen putzte. Doch Karl wurde nicht nur durch die Luft reichlich mit Braunkohle versorgt, er hatte diesen „Schatz" sogar im Hause.

„Wenn ich in meinem Bierkeller ein bisschen den Estrich wegkratze, kommt die Kohle zum Vorschein", sagte er einmal zu mir.

Tatsächlich hatte dort die Braunkohle eine Mächtigkeit von stellenweise 120 Meter.

Der Krumpaer Ortsteil Lützkendorf, die Brikettfabrik und das Gasthaus mit Frisierstube mussten dem Kohleabbau weichen, trotzdem kann man nahe dem Seeufer zwischen Krumpa und Neubiendorf in einem „Geologischen Fenster" die Mächtigkeit der Kohle noch heute erkennen.

Die eozäne Braunkohle in diesem geschützten Geotop ist ungefähr 46 Millionen Jahre alt.

Ganz in der Nähe wurde 1988 sogar Tuff des Laacher Sees entdeckt. Dieser größte Kratersee der Eifel ist nämlich durch die Explosion eines Vulkans entstanden. Dabei wurden die Explosionsrückstände bis zu 30 Kilometer hoch geschleudert und die Asche bis in die Geiseltalregion getragen. In der Aufschlusswand an der Restlochböschung Neubiendorf ist das etwa 2 cm mächtige Tuffband zu erkennen. Selbstverständlich steht auch dieser Aufschluss unter besonderem Schutz.

Während ich eingehend die Informationstafel studierte, hörte ich hinter mir einen Jungen mit heller Stimme sagen: „Komm doch Oma, das ist doch hier bloß Dreck und ein bisschen Kohle! Beim Urpferdchen ist es viel schöner."

Lächelnd drehte ich mich um und blickte den hellblonden Knirps an, der ungeduldig von einem Fuß auf den anderen trat. Die Oma hob resigniert die

Schultern und folgte kopfschüttelnd dem kleinen Quälgeist.

,Was meinte der Junge mit dem Urpferdchen?' überlegte ich und folgte neugierig den beiden. Ich wusste zwar, dass dieses weltberühmte Fossil 1933 im Geiseltal gefunden wurde und dass dieser gut erhaltene Skelettabdruck etwa 40 Millionen Jahre alt ist – aber was hatte das alles mit dem See zu tun? Sollte am Ende außer „Geisy" noch ein 60 cm hohes Pferdchenmonster hier aufgetaucht sein?

Geologisches Fenster, die untere Schicht ist ca. 46 Mio. Jahre alt

Die beiden blieben plötzlich stehen und der Junge verschwand in einer Hecke auf einer Rasenfläche. Beim Näherkommen bemerkte ich, dass es ein Labyrinth war. Und dieser Irrgarten hatte tatsächlich bei einiger Phantasie den Umriss des Urpferdchenfossils. Die Oma hatte sich auf eine bequeme Bank gesetzt und blickte voll Stolz auf ihren Enkel, der nach einigen Irrläufen gerade den Ausgang gefunden hatte. Sie nickte mir zu und sagte lächelnd: „Das interessiert ihn viel mehr als alle geologischen Aufschlüsse. Ich finde es gut,

Segelschule Neumark

dass bei der Gestaltung der Ufer möglichst an alle Altersgruppen gedacht wird!"

Bisher scheinen ja Fußgänger, Radfahrer und Skater hier gut mit einander zurechtkommen ", antwortete ich. „Hoffentlich bleibt das so?"

Der Junge war inzwischen den Irrgarten überdrüssig geworden und kam zu mir auf den Wanderweg. Wann kommen Schiffe auf den See?" Fragend blickte er mich an. „Die Marina ist doch schon fertig!"

„Noch nicht ganz", antwortete ich und schüttelte den Kopf. „Anlegestellen, Liegeplätze und Bootsstege müssen erst noch gebaut werden."

„Kommen richtig große hierher? Der Junge riss die Augen auf und rieb aufgeregt seine Kniescheibe.

„Du meinst Boote? Ich denke schon, dass einmal Segeljachten, Motorboote und vielleicht auch Fahrgastschiffe auf dem See verkehren werden. Dann kannst du von Mücheln nach Frankleben mit dem Schiff fahren."

„Ich wohne doch in Braunsbedra!", entgegnete er. In Neumark steht sogar ein richtiges Segelboot vor so einem Laden."

Ich nickte. „Das habe ich auch schon gesehen. Dort ist eine Segelschule!"

Wieder riss er seine großen grauen Augen auf. „Da muss man extra in eine Schule? Was lernt man denn da?"

„Eigentlich alles was ein Bootsführer wissen muss: Wie man ein Segel setzt, was backbord und steuerbord ist oder wie man am Landesteg anlegen muss. Am Ende bekommst du eine Fahrerlaubnis, ähnlich wie ein Autofahrer."

„Der kann ganz schön nerven!", sagte plötzlich die Oma, die unbemerkt näher gekommen war.

„Ach Oma, so was weiß doch ein Mann viel besser! Wenn ich groß bin, fahre ich auch mit einem Schiff über den See! Vielleicht nehme ich dich sogar einmal mit."

„Na was sagen Sie nun zu dem künftigen Kapitän, Oma!"

Die grauhaarige Frau lächelte gutmütig. „Sogar mitnehmen will er mich!"

„Aber nur vielleicht!", schränkte ich ein.

Der Junge rieb wieder seine Kniescheibe. „Aber zuerst gehe ich in die Segelschule!"

Die „110"

Es gehört schon ein bisschen Humor dazu, nach dieser Notrufnummer eine Gaststätte zu benennen. Als ich das erste Mal vor diesem urigen kleinen Lokal im Braunsbedraer Ortsteil Braunsdorf stand, wusste ich nicht recht, was von ihm halten soll. ‚Zur Not trinkst du ein Bier und gehst wieder!', dachte ich und trat ein.

Fünf Männer saßen am Stammtisch, während die Wirtin hinter der Theke hantierte. Sie hatte ein gutmütiges Gesicht und mochte so um die fünfzig sein. Als ich mit dem Fingerknöchel auf die Tischplatte klopfte, sahen mich die Stammgäste überrascht an. Ich nickte ihnen lächelnd zu und steuerte einen kleinen Tisch in einer Ecke an.

„Wir beißen nicht!", sagte einer der Stammgäste und zeigte auf einen freien Platz.

Braunsdorf, Kaßler-Haus

„Bist du am See gewandert?", wollte ein anderer mit Vollbart wissen, während er auf meinen Rucksack zeigte.

„Heute nicht!" Ich schüttelte den Kopf. „Ich bin nur mal durchs Dorf gebummelt, am Kaßler-Haus und an der Kirche vorbei. Nachher will ich zur Brikettfabrik hinauf!"

Kirche in Braunsdorf

„Die gibt's schon lange nicht mehr!", antwortete der Bärtige.

„Ich meine doch die ehemalige Werkstatt; in der Maschinenhalle soll sich eine interessante Ausstellung befinden?"

Der Bärtige nickte begeistert. „Die haben da allerhand draus gemacht – du hättest die Werkstatt mal früher sehen sollen!"

„Die kenne ich. Ich war einige Jahre Lokführer im Tagebau Pfännerhall."

„Wann war denn das?", fragte ein Dicker mit buschigen Augenbrauen. „Da müsste ich dich doch kennen?"

Ich zuckte mit den Schultern. „Das ist schon eine Zeitlang her. Damals war die Rutschung unterhalb der Gärtnerei, deshalb konnten wir den Abraum nicht mehr auf die Kippen nach Braunsdorf fahren.

„Dann seid ihr auf die Spülkippen am Lützkendorfer Bunker gefahren?"

„Genau", antwortete ich.

„Da wurde doch so ein automatisches Stellwerk in Betrieb genommen?" Der Bärtige blickte mich fragend an.

Das war ein Ding!" Kopfschüttelnd lächelte ich vor mich hin. „Oft gingen die Weichenzungen nicht rum – meistens, wenn's auf den Feierabend zuging!"

„Warst du lange in der Kohle?", fragte der Bärtige.

„Fast 40 Jahre. Vorher habe ich Straßenbahn gefahren."

„Nach Mücheln?"

Ich nickte. „Bis zum bitteren Ende."

Die bekamen ihren Strom von unserem Kraftwerk hier", sagte der Dicke. „Als die Strecke eingestellt wurde, musste ich den Trafo im Depot Frankleben abbauen. Dabei ist das Ding runtergefallen. So was vergisst man sein Leben lang nicht!"

„Lassen sich auch ab und zu mal Touristen hier blicken?", fragte ich die Wirtin, als sie mir eine leckere Sülze servierte.

„Mitunter kommen welche." Die Wirtin glättete mit der Handfläche die Tischdecke. „Vor kurzem war eine Wandergruppe aus Halle hier. Die haben sogar gesungen. Also muss es ihnen doch geschmeckt haben?"

„Die werden sich über die niedrigen Preise gefreut haben!", antwortete ich lächelnd.

Die Wirtin wiegte den Kopf. „Mal sehen, wie sich das hier entwickelt, wenn der See voll ist?"

„Das wird schon", sagte der Bärtige. „Hauptsache, es geht alles gut!"

„Ein paar kleine Probleme werden wohl nicht ausbleiben", meinte der Elektriker. „Aber schließlich sind wir Geiseltaler mit so vielen fertig geworden!"

„Eine künstliche Böschung, deren Fuß im Wasser endet, ist die erste Zeit immer in Bewegung.", sagte ein Raupenfahrer mit auffallend blauen Augen, der sich bisher noch nicht an dem Gespräch beteiligt hatte „Als wir am See die Böschungen geschoben haben", fuhr er lächelnd fort, „hatten wir einen Bauleiter aus Bayern, der es nicht fassen konnte, dass die rot-weißen Pfähle für die Ufermarkierung am nächsten Morgen einige Meter vom Ufer weg im Wasser standen."

Maschinenhalle

Brikettpresse

„Dass Böschungen die erste Zeit arbeiten, wussten im Tagebau eigentlich alle Bagger- und Absetzerführer!" Der Elektriker schüttelte den Kopf. „Und die Raupen- und Dumperfahrer sowieso!"

„Vor der Wende hat oft ein Doktor aus Mücheln die Endböschungen kontrolliert", sagte nachdenklich der Bärtige. „Sowie der eine Nassstelle bemerkte, ließ er dort Weiden mit weit verzweigten Wurzeln anpflanzen."

Der Raupenfahrer nickte und nahm einen herzhaften Schluck aus seinem Bierglas. „Den ehemaligen Chef der Rekultivierung meinst du. – Vielleicht sollte man solche bewährten Leute mitunter um Rat fragen? Nichts gegen Fachleute aus dem Westen – aber im Geiseltal wurde immerhin 300 Jahre Braunkohle abgebaut!" Nachdenklich schob der Bärtige seinen Daumennagel zwischen zwei Schneidezähne. „Da haben sich allerhand Erfahrungsschätze angesammelt, die man eigentlich nutzen sollte!"

„Sollte!", antwortete der Raupenfahrer. „Heute verlässt man sich auf Gutachten von irgendwelchen Professoren. Nur wenn drei von denen eins erstellen, sind das meistens drei verschiedene Gutachten. Der Auftraggeber kann sich dann das für ihn günstigste aussuchen!"

„Nana!", entgegnete grinsend der Elektriker. „Ganz so krass wird's wohl nicht zugehen!"

„Noch steht der See und alles ringsherum unter Bergrecht"; sagte der Bärtige. „Und das wird wohl auch eine Weile so bleiben, zumindest bis alles sicher ist!"

„Hoffentlich", meinte skeptisch der Elektriker. „Aber du hast uns noch gar nicht verraten, was dich eigentlich hierher verschlagen hat, wandte er sich an mich. „Bestimmt nicht nur die Maschinenhalle?"

„Ich arbeite an einem Buch über den Geiseltalsee", antwortete ich und löste einen Bierdeckel, der am Boden meines Glases kleben geblieben war.

Eine Weile starten sie mich ziemlich verblüfft an. „Oje!", sagte schließlich der Raupenfahrer. „Und wir haben aus der Schule geplaudert. Nun kommt das alles in ein Buch!"

„Vergessen Sie mich nicht!", rief mir die Wirtin von der Theke zu. „Ein bisschen Publicity kann ich gut gebrauchen. Vielleicht bin ich sogar zu Ihnen in die Straßenbahn eingestiegen. Ich stamme nämlich aus Lützkendorf. Meine Eltern hatten dort eine Bäckerei. Am Ende kennen Sie die sogar?"

Ich schüttelte den Kopf. „Das „110" werde ich auf jeden Fall erwähnen!"

Am Bahnübergang vor der einstigen Brikettfabrik vermisste ich die Schranken. Manchmal hatte ich dort eine Ewigkeit warten müssen, bis die Straße frei war.

Die endlos langen Züge aus Brikettswaggons oder mit Erdöl gefüllten Kesselwagen verkehrten nicht mehr. Wenn jetzt das Rotlicht blinkte, kam meistens ein Triebwagen, der nach Merseburg oder Querfurt fuhr, selten ein Güterzug. Auch die Kantine gegenüber dem Verwaltungsgebäude, die Betriebsküche und der allgegenwärtige Kohlestaub waren verschwunden. Das ehemalige

Kraftwerk war inzwischen in ein Heizwerk umgebaut worden, das die Parksiedlung mit Fernwärme versorgt.

Vor der Maschinenhalle stand eine restaurierte Brikettpresse. Dieses Industrie-
denkmal erinnerte mich an das Ende der Brikettproduktion im Geiseltal. Zwar
war inzwischen die Luft wesentlich sauberer geworden, dafür gab es jetzt
weniger Arbeitsplätze.
Diesmal interessierte mich in der „Pfännerhalle" vor allem die Modellanlage
eines Tagebaus. Ich bestaunte die Bagger und den Absetzer, die E-Loks mit
Abraum- oder Kohlewagen, die vielen Gleise und Signale, die detailgetreu
nachgebildeten Tagebaulandschaften – nur der Lärm und der aufgewirbelte
Kohlestaub fehlten!
„Unsere Ausstellungshalle soll an den Radwanderweg angeschlossen werden!", sagte mir stolz eine junge Frau, die den Ausstellungsraum für mich
geöffnet hatte.
Bildtafeln über die Renaturierung suchte ich vergeblich.

Geisy und andere Seemonster

„Drehen die denn alle durch!", schrie Rolf erbost, als ich zur Plattform kam.
„Demnächst behaupten welche, sie hätten hier einen Hammerhai oder See-
elefanten gesehen!"
„Vielleicht auch eine Sirene?", machte ich mich bemerkbar.
„Eine Sirene?" Rolf starrte mich verblüfft an.
„Na, so eine von den scharfen Weibern, die Odysseus auf ihre Insel locken
wollten!"
Franz fasste sich an die Stirn. „So was kann bloß einem Schreiberling einfal-
len!"
„Da bleiben wir doch lieber bei Geisy!" Franz trat etwas zur Seite, weil eine
Frau und zwei Kindern zur Brüstung wollten. „An dieses Monster haben wir
uns ja inzwischen gewöhnt, außer Rolf natürlich!"
Der ehemalige Baggerführer verzog das Gesicht und schüttelte den Kopf. „Ich
geb's auf! Wenn ihr euch einbildet, so was Ähnliches wie ein struppiger Seehund treibt sich hier herum, dann bleibt bei eurer Meinung, aber verschont
mich mit solchem Quatsch!"
„Und wenn nun doch einer drin ist?", sagte Gerd und schnitt Rolf eine Gri-
masse.
Die Frau und die Kinder – es waren ein Mädchen und ein Junge – hatten
gespannt gelauscht. Nun suchten sie aufmerksam den See ab und plötzlich rief
der Junge: „Dort drüben hat sich was bewegt!"
„Wo?", fragte neugierig das Mädchen.

Na dort drüben, wo der helle Streifen am Ufer ist. Es sah aus, wie ein struppiger Kopf!"

Das Mädchen blickte angestrengt zu der Stelle. „Ich sehe nichts."

Der Junge zuckte mit den Schultern. „Vielleicht ist es wieder untergetaucht.

Rolf schüttelte resigniert den Kopf, während Franz sagte: „Unser See birgt eben doch seine Geheimnisse!"

„Und wo hast du dich heute rumgetrieben?", fragte Dieter.

„Ich war in der Maschinenhalle und habe mir eine Ausstellung angeguckt – die mit dem Tagebaumodell."

Dieter nickte. „Hat dir die Schau dort unten wenigstens gefallen?"

„Doch." Ich nahm meinen Rucksack ab und kramte vergeblich nach einem Flyer. „Nichts zu finden! Ich muss das Ding liegen gelassen haben."

„Was suchst du denn?"

„So einen Handzettel!" Ich schnürte meinen Rucksack wieder zu. „Da war mir was unklar an dem Modell und ich habe mir ein paar Notizen auf den Zettel gemacht. Na ja – ist nicht so wich…!"

Heute war ein Lokfahrer hier, der mit dir in Mücheln in der B-Schicht war", unterbrach mich Dieter. „Er sagte, du sollst uns mal deine Himmelfahrtsstory erzählen."

„Mann – das ist mindestens 40 Jahre her. Damals habe ich mich nicht gerade mit Ruhm bekleckert."

„Nun erzähle schon!", forderte Franz mich auf. „Ich habe damals auch was läuten hören, aber eben nichts Genaues. Du warst lange Zeit Tagesgespräch im ganzen Bau!"

Ich nickte. „Das kann ich mir vorstellen – aber dass das heute noch ausgegraben wird? – Also, ihr wisst doch selbst, wie das Himmelfahrt so war: Die Cleveren und die Kratzer hatten jedes Jahr frei – die anderen mussten zur Schicht. Letztere haben zwar geflucht und mit den Zähnen geknirscht – aber was half's? Meistens gehörte ich zu ihnen. An jenem Vatertag hatte ich Frühschicht. Wie immer stand ich auf, als der Wecker anschlug. Dann verdrückte ich eine ordentliche Portion Bienenstich und trank zwei Tassen Tee dazu. Danach lief ich zum Bahnhof Merseburg. Als ich aus der Unterführung hochkam, wunderte ich mich, dass der Zug schon am Bahnsteig wartete. Ich blickte zur Uhr hinauf und rieb mir die Augen. Es half nichts – ich war eine halbe Stunde zu früh da!

Eigentlich hätte ich sauer sein müssen, doch ich schüttelte über mich selbst den Kopf und stieg in den Zug, der vorn und hinten mit einer Lok bespannt war. Der Wagen war leer und ich machte es mir in einer Ecke bequem. Ich hatte kaum die Augen geschlossen, da fuhr der Zug ab, jedoch in die verkehrte Richtung.

‚Mein Ziel war eigentlich Mücheln!', sagte ich, als ein Schaffner kam.

Der Uniformierte grinste: ‚Das habe ich mir schon gedacht. In Buna kannst du umsteigen. Der Gegenzug fährt sogar ins Geiseltal.'

Der Doktor auf einem Versuchsfeld

Wiederurbarmachung einer Kippe, Hintergrund: Hochbunker Stöbnitz

„Habe ich ein Glück!" Ich grinste schief. ‚Trotzdem vielen Dank.'

Natürlich warteten vorm Bahnhof in Mücheln keine Schichtbusse mehr. Unschlüssig stand ich eine Weile auf dem Vorplatz und steuerte dann auf die Birnstraße zu.

„Die gibt's schon lange nicht mehr!", warf Dieter ein und kratzte sich hinterm Ohr.

Ich nickte vor mich hin. „Damals stand sogar die Zuckerfabrik Stöbnitz noch. ‚Eigentlich ist das gar kein so schlechter Himmelfahrtsausflug!', redete ich mir ein. Zumal die Sonne schien und Schmetterlinge die blühenden Obstbäume umgaukelten. Doch wenn mich ein mit Birkengrün und bunten Bändern geschmückter Kremser überholte und die herausgeputzten Burschen Henkelgläser hoch hielten und mir zuprosteten, legte ich stur geradeaus blickend noch einen Zahn zu und beneidete die Gesellschaft um das Bier. Nun spürte ich so richtig, dass ich unterwegs zur ‚Kleeche' war.

Je näher ich dem Ablöseort im Tagebau kam, umso unglaublicher erschien mir meine Geschichte. Doch der Oberlokfahrer hörte sich in aller Ruhe meine abenteuerliche Story an und fragte grinsend: ‚Die wollten dich wohl nicht in Buna?' "

„Das ist wirklich kaum zu glauben!" Gerd schüttelte den Kopf. „Ich hätte das keinem erzählt. Lieber hätte ich gesagt, ich hab's verschlafen!"

„Wenn ich geahnt hätte, dass 40 Jahre später immer noch darüber geredet wird, hätte ich das vielleicht auch gemacht."

„Mit Ruhm hast du dich tatsächlich nicht bekleckert, aber bekannt geworden bist du trotzdem!", meinte Franz mit hinterhältigem Grinsen. „Sogar im gesamten Tagebau!", fügte er nachdrücklich hinzu.

Das Kutscherfenster

Im Gasthaus „Zur Einkehr" war im Flur ein kleines Schiebefenster, das früher, als noch die Rüben zur Zuckerfabrik Stöbnitz und die Briketts von den Anhaltischen Kohlewerken (AKW) mit Pferdegespannen transportiert wurden, als Schnellversorgung für die Kutscher diente. An heißen Sommertagen war das kleine Fenster ein beliebter Umschlagplatz für frisch gezapftes Bier und im Spätherbst oder Winter für einen „strammen Wachtmeister". Aber auch Kinder bekamen dort eine rote oder grüne Limonade, wenn sie der Mutter halfen, einen mit Briketts beladenen Handwagen zu schieben.

An manchen Tagen machte auch ich mit meiner Mutter mehrere solcher Fuhren. Zuerst wurde der leere Handwagen gewogen, anschließend verstaute die Mutter sorgfältig die Wiegekarte in ihrer Jackentasche. Danach fuhren wir mit dem Wagen in einen der Brikettschuppen, wo es ‚ganze Kohlensteine', also Salonbriketts gab, die ruckartig auf einer schmalen Rutsche noch warm aus der Fabrik kamen. Die Kohlensteine wurden ordentlich in den Wagen gestapelt, um möglichst viele transportieren zu können. Nun ging's wieder auf die

Aussichtsturm Stöbnitz

Ortsteil Stöbnitz

Waage, wo der Wiegemeister gutmütig lächelnd nach unten abrundete. Während Mutter bezahlte, beobachtete ich hoch über mir die kleinen Gondeln der Drahtseilbahn, mit denen Kohle aus dem Tagebau in die Fabrik transportiert wurde.

Heimwärts sammelten wir von dem Kopfsteinpflaster der Straße eifrig Knorpelkohle, die von den Fuhrwerken heruntergefallen war. Manchmal fuhren wir hinter so einem Gespann her und ich brauchte nur die Knorpel vor meinen Füßen aufzulesen. Lenkte der Kutscher gar seine breitrückigen Pferde an die Bordkante vorm Gasthaus und klopfte an das kleine Fenster, bekam auch ich dort meine Brause.

Das alles ging mir durch den Kopf, während ich am westlichen Seeufer entlang nach Stöbnitz wanderte, um einen Freund zu besuchen. Vergeblich versuchte ich mir vorzustellen, wo die „Einkehr" mit dem Kutscherfenster einst gewesen war.

Als ich den Weg erreicht hatte, der nach Stöbnitz hinauf führt, blickte ich mich noch einmal um und versuchte mir vorzustellen, wie das hier früher aussah. Viel war es nicht mehr, was da wie ein Film vor meinem inneren Augen ablief: Links sah ich die Zuckerfabrik und auf der anderen Straßenseite das Ledigenheim. Geradeaus führte die Straße zum Gelände der ehemaligen Anhaltinischen Kohlewerke, wo sich links das Verwaltungsgebäude und rechts die Sanitätsstelle mit dem Betriebskonsum im Untergeschoss befanden. Dort konnte man sogar Bier und Schnaps kaufen. – Nachdenklich blickte ich zur Marina am anderen Ufer. Mir gefiel es hier jetzt zwar besser als früher, aber ob das denjenigen, die hier einmal gewohnt hatten, genauso ging?

Nahe Stöbnitz befindet sich der Aussichtsturm „Pauline". Dieses Bauwerk erinnert an die Fördertürme im Mansfelder Revier, wo unter Tage Kupfer abgebaut wurde. Wer die zahlreichen Stufen innerhalb dieser Holzkonstruktion nicht scheut, wird mit einer herrlichen Aussicht belohnt.

Mein Freund ließ sich von meiner Begeisterung für die Seelandschaft nicht anstecken. Er hat viele Jahre als Raupenfahrer gearbeitet und kannte alle Tagebaue im Geiseltal. Nun befürchtet er, dass sein geliebtes „Stemms", wenn es um die Gestaltung der Uferregion geht, etwas ins Abseits gerät. Seine Frau, eine Hobby-Historikerin, hat die einzelnen Phasen der Rekultivierung dokumentiert. Viele der Fotos, die sie auf dem Tisch ausbreitete, waren einmalig. Ich ermunterte sie, auch weiterhin so eifrig den Wandel zu verfolgen.

Unten am See wartete eine junge Frau – aber leider nicht auf mich. Sie drehte nervös ihre Armbanduhr und blickte mir entgegen. Ich nickte ihr lächelnd zu und wollte vorbeigehen.

„Verzeihung", sagte sie. „Ist Ihnen eine Frau mit einem kleinen braunen Hund begegnet?"

Ich schüttelte den Kopf. „Da kann ich Ihnen leider nicht helfen!"

Wieder drehte sie am Uhrenarmband. „Sie sind doch von oben gekommen?"

„Genau – aber da war niemand!"

Piergebäude

Jachthafen

„Wir wollten uns hier treffen und gemeinsam nach Braunsbedra wandern. Irgendwas ist da schief gelaufen. Ich warte schon fast eine halbe Stunde hier!"

„Ein Kavalier hätte Sie bestimmt nicht so lange hier stehen lassen!", antwortete ich im Brustton der Überzeugung.

Meinen Sie?" Die kleine Unmutsfalte auf ihrer Stirn hatte sich verzogen und einem Lächeln Platz gemacht.

„Ich will auch nach Braunsbedra. Zur Not nehme ich Sie mit!"

Wieder lachte sie. Das ist wirklich ein nettes Angebot – ein Notbehelf war ich nämlich noch nie!"

Dann blickte sie noch einmal zum Dorf hinauf und sagte abrupt: „Also gehen wir!"

Unterwegs erzählte sie mir, dass sie Krankenschwester sei und vor kurzem ihren Job verloren habe.

„Ich war bei einem Hausarzt beschäftigt, der seine Praxis an einen jüngeren verkauft hat", sagte sie. „Leider hat der neue Doktor sein Personal mitgebracht und ich war plötzlich überflüssig."

„Das war nicht fair von dem Burschen!", antwortete ich. „Und nun nutzen Sie die freie Zeit, um die schöne neue Gegend hier kennen zu lernen?"

„Das würde ich ja gern tun, nur habe ich eine kleine Tochter, für die ich sorgen muss. Heute ist sie ausnahmsweise mal bei meiner Mutter. Dafür musste ich versprechen, mit ihrer Schwester und dem Hund eine Runde um den See zu drehen. Sie sehen ja selbst, was daraus geworden ist!"

Ich nickte bekümmert. „Hoffentlich hat sich ihre Tante nicht verlaufen? Sonst fallen Sie noch mehr in Ungnade!"

Immerhin habe ich ja Gesellschaft gefunden!", antwortete sie kokett. „Das ist doch auch was."

„Hm, und wenn's nur ein alter Krauter ist, dem sie Ihre Lebensgeschichte erzählen können."

„Ich sage zwar nicht ,Junger Mann' zu Ihnen, aber sie gefallen mir trotzdem!"

„Dafür lade ich Sie jetzt zu einem Kaffee an der ,Marina' ein! Vielleicht wird's doch noch was mit uns beiden. Bestimmt gäbe ich einen guten Opa ab."

Sie lächelte versonnen und schüttelte dann den Kopf. „Sie kennen meine Mutter noch nicht!"

Als wir auf dem Pier saßen und Kaffee tranken, drehten sich Vorübergehende nach meiner schönen Begleiterin um, was diese überhaupt nicht zu bemerken schien. Nach einer Weile fragte sie, ob ich in Braunsbedra wohne.

„Ja und nein!" Ich kratzte mich hinterm Ohr. „Gegenwärtig wohne ich zwar im ,Hotel am Markt', aber eigentlich bei meinem Sohn in Stadtroda."

Täuschte ich mich oder zog da ein kleiner Schatten über ihr Gesicht. „Schade", sagte sie und versuchte zu lächeln. „Es wäre so schön gewesen, mit einem Opa!"

Schnapsmarken

Als ich am nächsten Vormittag auf die Plattform kam, ging es dort um Grubenschnaps. Diesen steuerfreien Trinkbranntwein bekamen zu DDR-Zeiten Bergleute in Form von „Schnapsmarken", wenn sie ihr Soll erfüllt hatten. Nun waren diese Marken das eine, aber das andere war – es gab oftmals keinen Schnaps in den ausgewählten Konsum-Verkaufsstellen! Doch auch in der DDR machte Not oftmals erfinderisch, besonders wenn es um so ein beliebtes Gesöff ging!

„Auch heute gibt es noch einige Geschäfte, die so etwas verkaufen!", sagte Gerd, worauf Franz grinsend antwortete: „Unser Schreiberling kennt sich mit dem Schnapsholen bestens aus! Den haben seine Kollegen einmal fast gelyncht, weil er von 15 Flaschen 8 in Scherben verwandelt hatte!"

„Da hast du mal wieder was Schönes angerichtet!", sagte ich mit einem Blick in die neugierigen und gespannten Gesichter meiner Kumpel.

„Na komm, erzähle schon!", drängte mich Dieter.

„Tja, in den meisten Verkaufsstellen gab's mal wieder keinen Schnaps und jeder hatte eine oder mehrere Marken. Als ich zu Beginn der Mittagschicht auf meine Lok klettern wollte, lehnte sich unser Stellwerker aus dem Fenster und winkte nach mir.

‚Du fährst runter in die Tagesanlage!', rief er vom Stellwerk herunter. ‚Dort wartet der Schichtleiter auf dich!'

Der große schlaksige Kerl stand grinsend inmitten prall gefüllter Stoffbeutel, die er mir vorsichtig einen nach dem anderen hoch gab.

‚Ich scheiße euch noch mal an!", sagte ich gespielt wütend. „Bloß weil ich das Zeug nicht trinke, muss ich es dauernd fahren!'

Der Schichtleiter grinste noch breiter. ‚Fahre schön sanft, damit ja nichts passiert! Wir haben dich ausgewählt, weil du absolut trinkfest bist!', fügte er scheinheilig hinzu, obwohl er wusste, dass ich nichts Hochprozentiges mag.

Der Konsum draußen am Kohlebunker, der einzige in welchem es zu diesem Zeitpunkt Schnaps gab, war etwa 150 Meter vom Grubengleis entfernt. Ich ließ die Lok neben einer kleinen Lehmgrube stehen, an der entlang ein schmaler glitschiger Pfad zu dem Geschäft führte. Beiderseits waren große Pfützen mit trübem gelblichem Wasser. Mehrmals rutschte ich und konnte kaum die Balance halten, während die leeren Flaschen in den Beuteln schepperten.

Eigentlich wollte ich zurück alle drei Beutel mit den vollen Flaschen auf einmal tragen und den Hauptweg benutzen. Aber die Verkäuferin sagte, dass die Straße gesperrt sei, weil dort Kanalisation gelegt werde.

‚Dann muss ich wieder am Lehmloch vorbei', brummte ich resigniert und nahm in jede Hand einen Beutel. ‚Ich komme gleich wieder!'

Lassen Sie sich Zeit!', rief sie mir nach.

Wieder rutschte ich mehrmals und atmete auf, als ich die Gleise erreicht hatte.

Vor mich hinfluchend machte ich mich auf den Rückweg.

Die Verkäuferin blickte auf meine mit Lehm bespritzten Schuhe. ‚Das scheint ja wirklich ein gefährlicher Weg zu sein?‘

‚Ist es auch!‘, antwortete ich, ‚aber irgendwie werde ich es schaffen!‘

‚Na dann Hals- und Beinbruch!‘, ermunterte sie mich.

Nur hatte ich wieder mal das Maul zu voll genommen: Nämlich ausgerechnet an der Stelle, die ich als absolut sicher eingeschätzt hatte, rutschten mir die Füße weg und ich stürzte in die Lehmpampe, haarscharf neben einer großen Pfütze. Als ich mich mühsam hochrappelte, stürzte ich erneut und landete mit dem Gesicht in einer Schnapslache. Am liebsten wäre ich nicht mehr aufgestanden. Nachdem ich wieder einigermaßen sicher auf den Füßen war, schleuderte ich wütend den schnapsgetränkten Beutel mit den Flaschenscherben in das Lehmloch und quälte mich zu meiner Lok.

Der Schichtleiter grinste über meine lehmigen Klamotten und mein verschmiertes Gesicht, während ich ihm zwei Beutel hinunterreichte.

‚Die anderen liegen in der Lehmgrube‘, sagte ich, als er verlangend die Hände ausstreckte.

Natürlich glaubte er mir nicht.

‚Na komm schon, ich muss weiter!‘, sagte er ungeduldig.

Ich schüttelte den Kopf. ‚Du siehst doch, dass ich gestürzt bin!‘

Seine Augen fielen fast aus den Höhlen. „Jetzt, wo es endlich mal Schnaps gibt, schmeißt du die Flaschen kaputt! Da fehlen doch bestimmt sieben?‘

‚Nee, acht!‘, antwortete ich möglichst gleichgültig.

‚O Mann, o Mann! Wie soll ich die nun aufteilen? Keiner will doch verzichten!‘

‚Ich schon! Schließlich waren von mir auch zwei Marken dabei.‘

‚Du hast doch deine sowieso immer verschenkt!‘ Unwillig schüttelte er den Kopf und zog mit den beiden Beuteln ab.

„Und was haben die anderen gesagt?“, wollte Rolf wissen. So einfach haben die das doch nicht hingenommen!“

„Zuerst haben sie mir heftige Vorwürfe gemacht. Doch als ich gesagt habe, dass sie von mir nie wieder eine Schnapsmarke bekommen, wenn sie weiter so ein Theater machen, haben sie mir der Reihe nach erklärt, wo ich sicher hätte lang laufen können. Hinterher ist man meistens schlauer!“

„Acht Flaschen Grubenschnaps!“, sagte Dieter, das Zahlwort betonend. „Sicher wären da andere auch ausgeflippt!“

„Ich hob die Schultern. „Zumindest brauchte ich nie wieder Schnaps zu holen!“

Nordufer mit dem Weinberg

Bienenfresser

Die beiden hörten mich nicht kommen. Sie saßen auf einer klobigen Bank ohne Rückenlehne und suchten mit Ferngläsern eine zerklüftete Steilwand ab. Der Mann hatte graue Schläfen und spärliche Haare, sein etwa 8-jähriger Enkel leicht hervorstehende Zähne.

„Was gibt's denn da zu beobachten?", fragte ich und blickte zu der Wand hoch.

„Bienenfresser!" Der Junge ließ sein Glas auf die Brust baumeln. „Die sind ganz bunt und haben ihre Niströhren dort oben!" Er zeigte mit dem Finger in die Richtung.

Bienenfresser

„Die Fluglöcher sieht man nur mit dem Glas. Wollen Sie meins mal haben?" Er fasste nach dem schmalen Lederriemen und wollte ihn über den Kopf schieben.

„Lass nur." Ich winkte ab. „Aber es war lieb von dir, dass du es mir angeboten hast."

„Er weiß eben, was sich gehört!", sagte lächelnd, aber nicht ohne Stolz, der Mann. „Und Sie ergründen vermutlich das neue Wandergebiet hier am See?"

Ich nickte und spähte wieder nach der Steilwand.

65

„So kann man es auch nennen. – Ich habe zwar gehört, dass sich diese Exoten hier angesiedelt haben, aber gesehen habe ich noch keinen."

„Heute war auch noch keiner da und gehört habe ich sie auch noch nicht", sagte der Junge. „Die machen nämlich so, pirr - pirr - krik - krik!"

„Du kennst dich ja bestens aus!" Ich nickte anerkennend. „Weißt du auch wo die Bienenfresser hergekommen sind?"

„Das will mir mein Opa heute erzählen. Der kennt alle Vögel, die es in Deutschland gibt."

Der Graukopf winkte lächelnd ab. „Nun übertreib nicht! Außerdem weißt du gar nicht, ob das den Herrn überhaupt interessiert?"

„Doch, ich bin sogar sehr neugierig auf so was!"

„Dann setzen Sie sich doch zu uns, falls Sie nichts Besseres vor haben."

„Habe ich nicht!" Ich schüttelte den Kopf und nahm meinen Rucksack ab.

„Sie sagten vorhin ‚Exoten'!" Der Mann richtete seine klugen grauen Augen auf mich. „Aber das ist nicht ganz korrekt. Zwar war ihre Heimat Vorderasien und Nordafrika. Doch dann wanderten sie in Süd- und Südosteuropa ein und schließlich auch in Süddeutschland. Dass sie sich hier am See eingefunden haben, ist vermutlich eine Folge des Klimawandels. Auch in Südpolen sind schon welche beobachtet worden.".

„Sie kennen sich ja sehr gut aus!" Ich nickte beeindruckt. „Sind Sie Ornithologe oder etwas Ähnliches?"

Er winkte ab. „So ganz nebenbei. Früher war ich Lehrer. Vielleicht haben Sie schon bemerkt, dass ich das Dozieren nicht lassen kann."

„Aber mein Opa war kein Pauker!", meldete sich der Junge. „Das sagt nämlich mein Freund Torsten immer!"

Ich schüttelte den Kopf. „Bestimmt nicht!"

„Sind Sie sich da so sicher? Der ehemalige Lehrer lächelte. „Schließlich kennen Sie mich nicht!"

„Ich bin etwas blauäugig und sehe eben nur die Schokoladenseiten meiner Mitmenschen!", antwortete ich grinsend. – Wie groß sind die Bienenfresser eigentlich?"

„Etwas kleiner als ein Eichelhäher. Sie sitzen gern in Gemeinschaft auf Leitungsdrähten oder kahlen Ästen. Durch ihr blau-gelb-rotbraunes Gefieder sind sie dann kaum zu übersehen."

Ich habe sie mir viel kleiner vorgestellt", antwortete ich nachdenklich und massierte meine Augenbraue. „Etwa so groß wie eine Uferschwalbe. Die bauen doch auch solche Niströhren."

Der Lehrer blickte mich aufmerksam an. „Das machen die Eisvögel auch. Aber alle drei sind nicht miteinander verwandt. Der Bienenfresser gehört zu den Racken. Er ist sozusagen ein Verwandter der Blauracke, die ja auch bei uns stellenweise vorkommt."

„Opa, ich gehe mal zum See runter!", sagte der Junge.

„Aber sei vorsichtig! Und bleib nicht solange – wir müssen bald zum Bus."

„So war das nicht gemeint", sagte der ehemalige Lehrer, als ich nach meinem Rucksack griff. „Ich beantworte gern noch Ihre Fragen."

Ich hob die Schultern. „Im Moment – ich weiß nicht…"

„Wissen Sie, warum die Bienenfresser von den Insekten nicht gestochen werden?"

„Ehrlich – darüber habe ich noch nicht nachgedacht!"

Er lächelte fein. „Sie klopfen ihre Beute mehrmals auf eine harte Unterlage und kneten sie mit ihrem leicht gebogenen Schnabel kräftig durch. Nach so einer intensiven Vorbereitung können sie nicht mehr in den Schlund gestochen werden."

„Wie schwer tun sich da manche Menschen, wenn sie von einer Wespe oder Biene gestochen werden!", antwortete ich kopfschüttelnd. Der Junge kam wieder vom See hoch und erzählte begeistert, dass er drei Frösche gesehen habe, die am Ufer hockten. Ich verabschiedete mich von den beiden und wünschte ihnen viel Spaß bei ihren ornithologischen Streifzügen.

Dann wanderte ich weiter auf der Halde Klobikau, mein Ziel war der nahe Aussichtsturm. Schmetterlinge gaukelten vor mir und landeten manchmal am Wegrand, wo der Boden noch feucht von eingetrockneten Pfützen war. Wenn ich sie fotografieren wollte, flogen sie entweder fort oder klappten die Flügel zusammen, so dass ich nur die unscheinbare Unterseite sah.

Bis zur Wende waren russische Soldaten auf der Halde stationiert, heute ist sie ein Teil des Naturschutzgebietes „Bergbaufolgelandschaft Geiseltal" Es gibt geschlossene Waldflächen und dazwischen offene Bereiche, die nur spärlich bewachsen sind. In den einstigen Bunkern haben sich Fledermäuse angesiedelt. ‚Genau das Richtige, um möglichst viele verschiedene Tiere anzulocken', sinnierte ich und beobachtete ein prächtiges Pfauenauge, das zum Landeanflug ansetzte. Vorsichtig zog ich meine Kamera aus der Gürteltasche. Plötzlich raschelte es im Gebüsch und ein Wildschwein äugte nach mir und überquerte den Weg. Bevor ich mich von meiner Überraschung erholt hatte, kam das nächste aus den Büschen und weitere folgten. Den Schluss machte eine mächtige Bache, die mitten auf dem Weg stehen blieb und mich eine Zeit lang musterte. Schließlich schien sie ihre Neugier gestillt zu haben und trottete hinter den anderen her.

Das war nicht meine erste Begegnung mit diesen Borstentieren, aber am hellen, lichten Tag hatte ich sie hier nun wirklich nicht vermutet.

Die Klobikauer Kippe ist der höchste Punkt am Geiseltalsee. Deshalb kann man auch von dem Aussichtsturm weit ins Land gucken. Doch die Ferne interessierte mich diesmal nicht. Meine Gedanken schweiften zurück, als der Seeabschnitt noch der Tagebau „Westfeld Mücheln" war. Damals stand nahe dem Leunabahnhof ein Abraumbagger, der Bänderton abbaute.

Eines Tages fuhr ich zum Schichtwechsel einen abgestellten Vollzug zum Ablösepunkt hinunter. Das Gefälle war beträchtlich und als ich bremste, rea-

Abbruch von Möckerling

gierte zwar die 6-achsige E-Lok, aber nicht der Zug! Und dieser bestand aus
12 Wagen mit je 40 m³ Abraum. Die Fahrt wurde immer schneller, die Häuser
von Stöbnitz flogen vorbei und mir traten dicke Schweißperlen auf die Stirn.
Ich streute Sand, bediente die Strombremse (eine Art Motorbremse) und dachte an die Schranke vor der Ablösestelle, die bestimmt nicht geschlossen war.
Vielleicht kommt gerade ein vollbesetzter Schichtbus gefahren! Trotz meiner
zum Zerreißen gespannten Nerven blieb ich verhältnismäßig ruhig und versuchte ein Bremsmanöver nach dem anderen. Endlich wurde die Fahrt langsa-
mer! Kurz vor der Werksstraße brachte ich den Zug zum Halten. Der Oberlokfahrer hastete an den Wagen entlang und stellte fest, dass die Luftschläuche
der Brems- und Kippleitung verwechselt worden waren.
Als eine Frau mit einem Jungen auf den Aussichtsturm kam, lehnte ich noch
immer an der Brüstung und starrte auf das bläuliche Wasser.
„Suchen Sie Geisy?" der Junge wollte neben mich an die Brüstung, doch die
Frau hielt ihn zurück. „Dort drüben war er nämlich nicht. Der muss jetzt hier
sein!"
„Ja, hast du ihn denn schon mal gesehen?"

Tagebaulandschaft

Der Junge sah mich groß an. „Nein"; antwortete er mit auffallend heller Stimme, „aber mein Freund Tim. Der hat einen ganz struppigen Kopf."

„Dein Freund?"; fragte ich lächelnd.

„Ich meine doch Geisy!" Mit seinen grünlichen Augen blickte er mich vorwurfsvoll an. „Warum haben Sie so lange ins Wasser geguckt? Wir haben Sie nämlich beobachtet."

„Lars!", rief die junge Frau. „Was geht denn dich das an?"

„Du hast aber auch hoch geguckt!"

Die junge Frau war rot geworden und blickte mich verstohlen an. Dann zuckte sie mit den Schultern. „Kinder sind nun mal so!"

„Ich finde das ganz in Ordnung", antwortete ich lächelnd. „Und nun zu dir: Ich habe mal dort unten gearbeitet.

„Echt!" Der Junge riss die Augen auf. „Unten im Wasser?"

„Damals war noch keins drin", Ich schüttelte den Kopf. „Da hupten dort unten noch Bagger und E-Loks zogen die mit Abraum oder Kohle beladenen Züge."

„Und wo ist das viele Wasser hergekommen?"

Das meiste aus der Saale und etwas von der Geisel. Die mündet dort drüben in den See."

„Und Geisy? Ist der auch aus der Saale gekommen?"

„Vielleicht – ich weiß es nicht genau."

„Schade." Der Junge blickte jetzt traurig. „Ich hätte das so gerne gewusst."

Haltestelle für den Express

Winterwanderung

Das Wetter war fast frühlingshaft, als ich an jenem Februartag am See entlang wanderte. Überall in den Gärten blühten Schneeglöckchen und die gelben Kätzchen der Haselnüsse. Zwischen Braunsbedra und Mücheln begegneten mir junge Frauen mit Kinderwagen und Omas mit aufgeregt plappernden Enkeln. Große und kleine Hunde schienen das schöne Wetter genauso zu genießen wie Frauchen oder Herrchen. Auch zahlreiche Radler hatte die Sonne zu einer Rundfahrt animiert.

Mein Wanderziel war wieder die Halbinsel nahe dem Aussichtsturm Stöbnitz. Unterwegs kam mir mein erster Besuch dort in den Sinn. Ich dachte an die Fahrt im Hühnerwagen, an die Raststätte am Weinberg und an die Wetterschutzhütte des Interessen- und Fördervereins „Geiseltalsee", wo ich die Lehrerin wiedersah.

Doch diesmal waren Wanderschuhe mein Fortbewegungsmittel und meine Ausrüstung ein Rucksack und ein Teleskopstock. So eine Fußwanderung ist zwar mitunter anstrengend, doch sie hat den Vorteil, dass man überall hin

Marina im Winter

kann und steile Anstiege nicht zu scheuen braucht. Mein erster Anlaufpunkt war das Nordische Plateau, rechts der Straße, die zur Schutzhütte führt. In diesem sogenannten „Geschiebegarten" werden Findlinge präsentiert, die während der Bergbauarbeiten bzw. der Sanierung gefunden wurden. Dieses „Nordische Geschiebe" transportierten eiszeitliche Gletscher in das Geiseltal und lagerten es dort ab. Ein kreisförmiger Weg führt zu den einzelnen Gesteinsgruppen, Informationstafeln erläutern die Entstehung der Blöcke und ihre Herkunftsgebiete.

Vor einer der Tafeln hörte ich einen Graukopf zu seiner Begleiterin sagen: „So ein Brocken hat mir mal die Eimerkette vom Bagger zerrissen. Das war während der Nachtschicht bei 20 Grad Kälte. Da die Kohle dringend gebraucht wurde, kam aus Merseburg einer von der Stasi und behauptete, das wäre Sabotage!"

„Waren die wirklich so schnell dabei?" Die Frau schüttelte ungläubig den Kopf.

Der Mann nickte. „Das muss in den sechziger Jahren gewesen sein. Damals waren die wirklich schlimm!"

Als ich an den beiden vorbeiging, grüßte die Frau und der Mann zeigte auf meine Wanderausrüstung. „Du scheinst dir allerhand vorgenommen zu haben, Kumpel?"

Ich hob leicht die Schultern. „Ihr seid doch auch unterwegs?"

„Stimmt", antwortete der Mann. „Nur steht unser Auto dort vorn auf dem Parkplatz."

„Wart ihr zufällig an der Schutzhütte?" Ich fuhr mit der Hand über die abgeschliffene Oberfläche eines mächtigen grauen Findlings.

„Wir waren mal dort. Die Frau musterte mit Interesse meinen Wanderstock. „Es war jedoch niemand vom Verein da. Auf dem Weg sind ein paar riesige Pfützen, aber man kann sie umgehen. Sie müssen sich nur immer rechts halten."

Ich bedankte mich bei den beiden und wünschte ihnen ein angenehmes Wandern. Wie zu erwarten, waren die Türen der Wetterhütte verschlossen und die Sitzgelegenheiten gegen die Tische gekantet. Ein paar Amseln, die in einem restaurierten Baggereimer Schutz gesucht hatten, flogen zeternd auf, eine Blaumeise inspizierte einen Nistkasten und bearbeitete mit dem Schnabel Besitz ergreifend das Flugloch.

„Frühlingsgefühle mitten im Winter!", murmelte ich kopfschüttelnd und dachte ein bisschen wehmütig an die Lehrerin und an die Hochzeitssuite, welche mir augenzwinkernd der Hotelier in Braunsbedra zur Verfügung gestellt hatte.

Die Möbel auf der Plattform vom Schiffsanleger waren ebenfalls winterfest gemacht worden. Verschiedene Wasservögel umschwammen lärmend den Steg.

Auf dem Rückweg kamen mir zwei junge Mädchen entgegen und genau an der riesigen Pfütze standen wir uns gegenüber. Ich winkte den beiden und sah lächelnd zu, wie sie auf einem kaum handbreiten Pfad an der Lache vorbei balancierten. Die größere, schlank mit hellen Augen, hielt Sträußchen aus drei Schneeglöckchen und irgendwelchem Grün in der Hand, das sie mir mit ein paar Dankesworten überreichte.

„Verlauft euch nicht!", rief ich lachend den beiden nach, worauf sie sich umdrehten und winkten.

Das Sträußchen befestigte ich an meinem Rucksack.

Der Weg zum Weinberg an der Kobikauer Halde wollte kein Ende nehmen. Da er mitunter recht steil war, atmete ich auf, als der große Tank und die Container, vor denen ein Auto stand, in Sicht kamen. Schließlich bemerkte ich eine Frau, die Weinreben verschnitt. Da ich eigentlich in Klobikau in einer Gaststätte etwas essen wollte, fragte ich sie nach dem kürzesten Weg dorthin.

Die Winzerin blickte mich erstaunt an: „Warum kehren Sie nicht in Stöbnitz im Imbiss ein, wenn Sie ohnehin von dort kommen. Das Essen dort ist gut und preiswert!"

„Hm, ich wusste gar nicht, dass es dort wieder eine Gaststätte gibt? Und wie komme ich dorthin?

„Sie wandern zurück bis zur ehemaligen Zentralküche und biegen dann rechts ab. Nach etwa 500 Metern stoßen Sie direkt drauf", antwortete sie und betrachtete lächelnd das Sträußchen an meinem Rucksack.

„Den habe ich von zwei hübschen Mädchen bekommen!", klärte ich sie auf, dabei stolz die Brust reckend.

Die nette Winzerin sollte Recht behalten: Das Bauernfrühstück in dem kleinen Imbiss schmeckte hervorragend. Die beiden Frauen dort waren freundlich und versuchten mich ein bisschen auszuhorchen. Gerne gab ich Auskunft über meine Straßenbahnerzeit, meine Arbeitsjahre in den Tagebauen und über das Buch, was ich schreiben will.

Sie hörten aufmerksam zu und wünschten mir viel Erfolg. Zum Abschied empfahl ich ihnen, nahe der Zentralküche einen Wegweiser aufzustellen, der in Richtung Imbiss zeigt.

Eigentlich wollte ich von der Marina aus einen Bus nach Braunsbedra benutzen, zumal meine Lauflust ziemlich nachgelassen hatte. Doch andererseits konnte sich das sonnige Wetter schnell ändern. Unentschlossen wanderte ich durch die Siedlung Stöbnitz und weiter über einen Schleichweg, den mir ein echter „Stemmser" empfohlen hatte, zum Aussichtsturm. Dort begegnete mir eine Radlergruppe, die schwitzend ihre mit großen Taschen behängten Drahtesel den Berg herauf geschoben hatte.

„Der Weg führt zum See hinunter!", antwortete mir eine junge Frau, während sie mit einem Taschentuch ihren Nacken abtupfte. Dann zog sie eine riesige Trinkflasche aus einer Gepäckträgertasche und gesellte sich zu den anderen.

Als ich unterhalb vom alten Stöbnitz war, hatte ich mich entschlossen, weiter bis St. Ulrich zu wandern.

Die 1868 erbaute Herren- oder Gutsmühle in diesem Ortsteil von Mücheln dürfte als einzige an der Geisel noch ein Mühlrad haben, das sich dreht. Schon deshalb reizte mich eine Tour auf den verwinkelten, romantischen Mühlenwanderweg. Doch St. Ulrich hat mit seinem Wasserschloss, dem terrassenförmigen Barockgarten und dem Landschaftspark mit teilweise uralten Bäumen noch mehr zu bieten.

Herrenmühle

Wasserschloss St. Ulrich

Viadukt

Marktansicht

„Sie müssen kommen, wenn alles grün ist!", sagte eine Frau zu mir, die mich beim Fotografieren beobachtet hatte. „Wussten sie eigentlich, dass unser schö-nes Schloss auf Eichenholzstelzen steht? Damit das Holz nicht austrocknet, muss der Wassergraben immer gefüllt bleiben."

„Sie kennen sich ja ziemlich gut aus!" Erstaunt blickte ich sie an. „Ich habe mich schon gewundert, wie so ein schmaler Graben früher irgendwelche Fein-de aufhalten sollte?"

„Hier gab es schon im 12. Jahrhundert eine Wasserburg", antwortete sie lächelnd. „Damals hat vermutlich die Geisel viel mehr Wasser geführt, das für einen Schutzring genutzt werden konnte."

„Das leuchtet mir ein!" Ich zog einen Reißverschluss an meinem Rucksack zu, wo ich die Kamera verstaut hatte. „Gibt es hier noch mehr solcher histori-schen Überraschungen?"

Wieder lächelte die Frau. „Unsere Schlosskirche ist auch ziemlich berühmt! Die kann sogar besichtigt werden, aber man muss sich vorher anmelden. Vor allem die Patronatsloge, ein alter Opferstock sowie alte Grabplatten sind sehenswert."

„Sie sind ja eine richtige Historikerin!", rief ich aus. „Sind Sie irgendwie beruflich vorbelastet?"

Die Frau schüttelte den Kopf. „Ich war bis zur Rente in einem Labor und habe Kohleproben untersucht. Aber so ein bisschen Heimatkunde war schon immer mein Hobby."

„Leider muss ich mich jetzt verabschieden", sagte ich, „sonst verpasse ich meinen Bus."

Sie nickte und kramte eine kleine Karte mit einer Telefonnummer aus ihrer Handtasche. „Wenn sie noch irgendwelche Fragen haben – ich helfe Ihnen gern, falls ich kann."

Nachdenklich wanderte ich über den terrassenförmigen, denkmalgeschützten Marktplatz, vorbei an dem prächtigen Rathaus und den aufwändig sanierten altehrwürdigen Häusern. Immerhin ist Mücheln, das seit 1350 Stadtrecht hat, die älteste Stadt im Geiseltal. Überall spürte ich das Bestreben, möglichst viel Historisches und Denkwürdiges zu erhalten. Auch fiel mir auf, dass die meis-ten Geiseltaler stolz auf ihre Heimat sind und mit großem Interesse deren Wandlung verfolgen.

Dann kam das Viadukt, eine Art Wahrzeichen der letzten Eisenbahnverlegung in Sicht. Dieses Bauwerk wurde1964 eingeweiht und war damals mit einer Länge von 264 Metern und einer Höhe von 14,5 Metern der größte Brücken-bau der Deutschen Reichsbahn.

Das Stäubchen war verwelkt, als ich in der Hochzeitssuite den Rucksack abnahm. Mein Tag war sonnig und lehrreich gewesen, aber mit einem Fuß-marsch von fast 30 Kilometern auch sehr anstrengend.

„Jetzt nur noch duschen und schlafen!", dachte ich und streckte mich wohlig. Dann zog ich ächzend die Wanderschuhe aus.

Das Geiseltal

Diese im Süden Sachsen-Anhalts gelegene Region befand sich in den zurückliegenden drei Jahrhunderten im Dauerwandel. Aus der ehemals landwirtschaftlich geprägten Geiselaue entwickelte sich das zweitgrößte Braunkohlerevier Deutschlands. Dieses Tal wurde nach einem Bach benannt, der im Mücheln Ortsteil St. Micheln auf einer Muschelkalkhöhe entspringt und in Merseburg in den Gotthardteich mündet.

Als 1668 in Zöbiker die erste Braunkohle im Geiseltal entdeckt wurde, begann in dieser Region ein Wandel der bis heute nicht abgeschlossen ist. Wurde anfangs die Kohle in sogenannten Bauernschächten, die hauptsächlich den Eigenbedarf dienten, abgebaut, so änderte sich das grundlegend nach der Erfindung der Dampfmaschine. Mit dem Bau von Zuckerfabriken sowie dem Einsatz von Dampfloks stieg der Bedarf an Braunkohle sprunghaft an. Als um 1900 die ersten Großtagebaue und Brikettfabriken entstanden, reichten die heimischen Arbeitskräfte nicht mehr aus und zahlreiche Zuwanderer kamen ins Geiseltal, was vielerorts Probleme bereitete. Die Wohnungsnot war katastrophal, die Schulen platzten aus allen Nähten, ja selbst die Friedhöfe reichten nicht aus. Und immer mehr kamen aus Bayern, aus Thüringen und Schlesien, besonders nach dem die Chemiegiganten Leuna (1916) und Buna (1936) entstanden waren. Aus den ehemaligen Bauerndörfern waren Industrieorte geworden, doch auch vor diesen machten die Bagger nicht halt.

Brikettfabrik Neumark

Zwischen 1931 und 1971 mussten 16 Geiseltaldörfer dem Bergbau weichen und ca. 12.500 Bewohner umgesiedelt werden. Mehrmals wurden die Geisel und die Bahngleise verlegt, die Straßenbahnlinie Merseburg – Mücheln wurde nach 50 Betriebsjahren (1918–1968) eingestellt.

Insgesamt wurden in den Geiseltal-Tagebauen 1,4 Mrd. t Kohle gefördert und ca. 946 Mio. m³ Abraum gewonnen.

Planierraupen schieben eine Böschung

Der Geiseltalsee

Der Tagebau Mücheln war der größte der DDR und hinterließ ein Restloch von 2 600 ha, dessen größte Tiefe 80 m beträgt. Für diese riesige Lagerstätte mit einer Länge von ca. 15 km und einer Breite von ca. 5 km blieb als einzige sinnvolle Nachnutzung eine Wasserfüllung durch Fluten. Vorgeschlagen wurden bereits Anfang 1970 eine speicherwirtschaftliche Nutzung sowie eine Mitnutzung für Erholung und Binnenfischerei.

Nach dem Ende der Kohleförderung waren die Schwerpunkte der bergtechnischen Sanierung vor allem die Abflachung der rund 40 km Endböschungen sowie die Altlastensanierung, speziell die Beseitigung von Abprodukten des ehemaligen Mineralölwerkes Lützkendorf.

Da ein natürlicher Wasseranstieg in dem Restloch 100–150 Jahre gedauert hätte und deshalb aus geotechnischer und ökologischer Sicht nicht zu vertreten war, kam nur eine Flutung mit Fremdwasser in Frage. Die enorme Wassermenge für dieses Vorhaben sollte aus der Saale, bzw. der Unstrut entnommen werden. Ursprünglich war ein 14 km langer Stollen von der Saale oberhalb von Naumburg geplant. Mit der Nutzung freier Kapazitäten des Brauchwasser-Versorgungssystems der Leuna-Werke wurde jedoch eine bessere Lösung gefunden. Der Gedanke, dieses Restloch einmal für Erholung und Tourismus zu nutzen, entstand bereits in den 20ziger Jahren des vorigen Jahrhunderts und wurde 1970 konzeptualisiert.

Der See 2008

Am 30.06.2003 begann die Restlochflutung. Die Endwasserspiegelhöhe wird voraussichtlich im Frühjahr 2011 + 98 NN betragen, was einem natürlichen Ablauf in das Geiselbett bei Frankleben ermöglicht.

Zu einem selbsttragenden Wasserhaushalt des Sees sollen später die einfließenden Vorfluter Geisel, Leiha, Petschbach und Stöbnitz beitragen.

Nach dem Abschluss der Flutung ist der Geiseltalsee mit einer Wasserfläche von 18,4 km² und einer Uferlänge von 41 km der größte künstliche See Deutschlands. Der Wasserinhalt beträgt dann 423,0 Mio. m³.

Schon heute führt am Südufer ein asphaltierter Weg entlang, der zum Wandern, Radfahren oder Inlineskaten einlädt. Am Nordufer befinden sich unter anderem Aussichtspunkte, eine Wetterhütte und nicht zuletzt ein Weinberg, der sich inzwischen zu einem Touristenmagnet entwickelt hat. Vom 1. April bis 30. September umrundet der „Geiseltal Express" mehrmals täglich den See; auch Fahrten mit geländegängigen „Aufsitzern" werden angeboten. Einige Gebiete wurden unter Naturschutz gestellt.

Dank des Sees ist Mücheln inzwischen Hafenstadt geworden und Braunsbedra auf dem besten Wege dorthin. Am Nordufer nahe Stöbnitz entstehen gegenwärtig ein Campingplatz und ein Badestrand. Geplant sind beispielsweise eine Seebrücke, eine Sommerrodelbahn, Ferienhäuser und Hotels.

Hereford-Rinder am Weinberg

Wo der „Goldene Steiger" wächst

Im Jahr 1997 hatte ein Freyburger Winzer die Idee, am Nordufer des Geiseltalsees Wein anzubauen. Eine Böschung unterhalb der Halde Klobikau erschien diesem Winzer-Pionier als ein geeigneter Standort für einen Weinberg. Trotz zahlreicher Anfangsprobleme und mit eigens für dieses Vorhaben entwickelter Technik sowie der Unterstützung durch Universitäten konnte dieses bisher einmalige Projekt verwirklicht werden.

Nachdem die steile, zerklüftete Böschung der Halde bis zu 20% Steigung abgetragen und der Boden rekultiviert worden war, reiften ab 2000 dort die ersten Trauben.

Die begehrteste Sorte ist der „Goldene Steiger", ein trockner Müller-Thurgau mit feiner Muskatnote. Inzwischen werden auch andere Sorten angebaut, obwohl der See, dessen Wasserfläche einmal als Reflektor fungieren soll, seinen Endpegel noch nicht erreicht hat.

Als ökologische Rasenmäher und Unkrautvertilger haben sich in dem Weinberg Hereford-Rinder bewährt, die von einer kleinen Ziegenherde unterstützt werden.

Inzwischen ist dieser Weinberg ein beliebtes Ausflugsziel geworden, das auch während der Sommermonate vom Geiseltal Express sowie den Fahrzeugen des „Interessen- und Fördervereins Geiseltalsee" angefahren wird.

Geologische Fenster

Im Tertiär kam es in Europa durch die Heraushebung der Alpen zu tektoni-schen Bewegungen (Erdbeben). Dadurch entstanden vor etwa 50 Millionen Jahren in den Senken Braunkohlemoore, die nach ca. 7 Millionen Jahren zu Braunkohleflözen wurden. Durch besonders günstige geologische Bedingun-gen bildeten sich im Geiseltal solche Flöze mit einer Mächtigkeit bis zu 120 Meter. Da die darüberliegenden Abraumschichten relativ gering waren, blie-ben nach dem Ende der Kohleförderung zwischen Krumpa und Neubiendorf am Südufer des Sees einige Aufschlusswände erhalten.

Eine dieser Wände zeigt eozäne Braunkohle, die etwa 46 Millionen Jahre alt ist. Das zweite „geologische Fenster" enthält ein schmales Band Laacher Seetuff. Der Laacher See, der größte Kratersee der Eifel, entstand durch die Explosion eines Vulkans. Durch diese Detonation wurden Teilchen bis zu 30 km hoch geschleudert. Die Vulkanasche gelangte sogar bis ins Geiseltal und lagerte sich als Tuffband ab.

Fossilien aus dem Geiseltal

Die ersten Funde wurden bereits 1908 in dem Tagebau Cecile (nahe Krumpa) gemacht. Da diese jedoch in einem schlechten Zustand waren, konnten sie nicht präpariert werden. Erst 1925 wurden durch systematische Grabungen Reste von Schildkröten und Krokodilzähne geborgen. Selbstverständlich bezogen sich die Ausgrabungen nicht nur auf tierische Fossilien, sondern auch

Schädel vom Urkrokodil

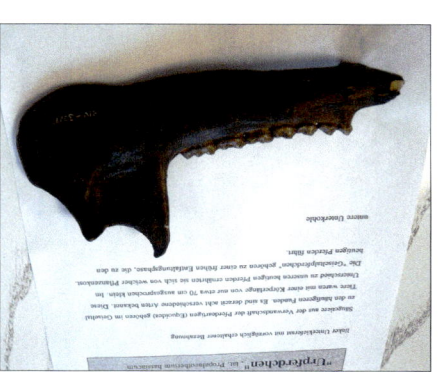

Kiefer vom Urpferdchen

auf Schilfreste, Koniferennadeln oder Kautschuktröpfchen. Durch verkieselte Baumstämme und Abdrücke von Palmenblättern und anderen Pflanzenresten bekam man eine annähernde Vorstellung, wie die „Braunkohlewälder" einst aussahen.

An tierischen Fossilien wurden unter anderem Reste von Würmern, Krebstieren, Insekten, Schnecken, Fischen, Froschlurchen, Molchen, Eidechsen, Schlangen, Schildkröten, Krokodilen, Vögeln und Säugetieren geborgen.

Zwei der spektakulärsten Funde waren die gut erhaltenen Fossilien eines Urkrokodils und eines Urpferdchens.

Bemerkenswert bei den Geiseltal-Krokodilen war die sehr starke Panzerung. Ihre Größe dagegen betrug im Durchschnitt nur 1,20 m.

Das Altpferd (Urpferdchen) war etwa so groß wie eine Dogge. Es hatte keine Hufe, sondern an den Vorderbeinen vier und an den Hinterbeinen drei Zehen. Durch diese Vielzehigkeit konnte es sich als Waldtier in der moorigen Umgebung besser bewegen.

Für die stammesgeschichtliche Entwicklung haben die europäischen Vorfahren der Pferde keine besondere Bedeutung. Das Entwicklungszentrum der späteren Pferde wurde Nordamerika.

Die umfangreichen Fossilienfunde im Geiseltal wurden immer an bestimmten Stellen gemacht: Das waren sogenannte Leichenfelder, welche zumeist durch das Austrocknen flacher Gewässer, die als Lebensraum und Tränke dienten, entstanden waren. Weitere Funde wurden in ehemaligen Wasserlöchern (sogenannten Einsturztrichtern) sowie an Bächen, die ins Moor mündeten, gemacht.

Diese Ausgrabungen sind nicht zuletzt durch eine vorbildliche Zusammenarbeit zwischen den Geiseltal-Tagebauen und bestimmten Museen zustande gekommen. Mitunter halfen Braunkohlekumpel spontan den Wissenschaftlern.

Im Jahre 1985 wurden bei Sanierungsarbeiten in der Nähe von Frankleben zahlreiche fossile Tierknochen entdeckt. Das war der Beginn der wohl letzten größeren Ausgrabung im Geiseltal. Bei dieser Fundstelle handelte es sich um einen etwa 200.000 Jahre alten See, dessen Umfeld damals ein Wildparadies war. Außer einer reichen Pflanzenwelt (Fossilen von etwa 150 verschiedenen Pflanzenarten wurden geborgen) waren es vor allem die Fossilien von Waldelefanten, Nashörnern, Hirschen, Höhlenlöwen, Braunbären und Füchsen - um nur einige zu nennen –, welche die Wissenschaftler immer von neuem überraschten. Als besonderer Höhepunkt wurden nachweisbare Spuren von Menschen gefunden, die an dem See mit Holzspeeren und Feuersteinmessern jagten.

Die Städte am See und ihre Eingemeindungen

Mücheln

Mücheln hat Stadtrecht seit 1350 und ist somit die älteste Stadt im Geiseltal. Sie besteht aus den Ortsteilen: Mücheln, Neu-Biendorf, Sankt Micheln, Sankt Ulrich und Stöbnitz, Hinzu kommen die Eingemeindungen: Branderoda, Gröst, Langeneichstädt, Oechlitz und Wünsch. Gegenwärtig hat die Stadt alles in allem ca. 9 500 Einwohner.

Mücheln um 1960 und Gut Stöbnitz.

Im Ortsteil St. Micheln entspringt die Geisel, die heute nahe dem ehemaligen Ortsteil Eptingen in den Geiseltalsee fließt.

Nachdem 1668 im einstigen Ortsteil Zöbiker die erste Braunkohle entdeckt worden war, verwandelte sich nach und nach das Ackerbaustädtchen in eine Bergarbeiterstadt mit allen ihren Vor- und Nachteilen. So sorgten einerseits eine Zuckerfabrik und ein Braunkohlewerk für beträchtliche Umweltbelastungen, andererseits lockte der Wirtschaftsaufschwung nach dem Ersten Weltkrieg zahlreiche Zuwanderer in die Stadt und die umliegenden Gemeinden.

Seit der Flutung des ehemaligen Braunkohletagebaus (2003), dem Bau der Marina (2008) sowie durch ihre historischen Sehenswürdigkeiten wird die Stadt immer mehr zu einem Touristenmagneten.

Braunbedra

Der Ortsname entstand durch das Zusammenlegen (1943) der Dörfer Braunsdorf und Bedra, hinzu kam 1952 die Eingemeindung von Schortau.

Die Geschichte dieser drei Orte reicht zurück bis in das 9. Jahrhundert und wurde vor allem durch das Rittergut Bedra sowie durch die Entdeckung der Braunkohle 1668 geprägt. Unter ande-

Gasthaus Schortau

Schloss Bedra

rem ließ 1832 der Gutsbesitzer Heinrich von Helldorf auf dem Petzkendorfer Feld einen Kohleschacht anlegen.

Durch die fortschreitende Industrialisierung wuchs nach 1900 der Bedarf Braunkohle enorm. Mit Runstedt wurde bereits um 1930 das erste Dorf im Geiseltal abgerissen, dem besonders im Bereich des heutigen Geiseltalsees 16 weitere Abbrüche von Orten oder Ortsteilen folgten.

Um Wohnraum für die Umsiedler zu schaffen, wurde bereits 1951 mit dem Bau der Parksiedlung begonnen. 1969 wohnten mehr als 10 000 Menschen in diesem „größten Dorf" der DDR.

Obwohl durch den Rückgang des Kohleabbaus die Einwohnerzahl wieder sank (1988 ca. 7000 Ew.), wurde Braunsbedra 1993 das Stadtrecht verliehen. Inzwischen sind die verbliebenen Ortsteile von Neumark sowie Frankleben, Reipisch, Großkayna und Roßbach eingemeindet worden.

Als Anliegerstadt des Geiseltalsees wird Braunsbedra immer mehr zu einem Anziehungspunkt für Touristen. Mit der Fertigstellung eines Hafens am Ortsteil Neumark, einer Seebrücke sowie Bademöglichkeiten, um nur einige Vorhaben zu nennen, wird die Attraktivität der Stadt weiter steigen.

Erfreulich ist, dass die junge Stadt auch an berühmte Söhne wie Michael Kahler, der um 1760 ein hölzernes Laufrad erfunden hat, und an den Schmiedemeister Eduard Dörge, dem Erfinder eines eisernen Kippppfluges, gedacht hat. Sowohl das Laufrad als auch der Pflug wurden im Wappen der Stadt verewigt.

Bad Lauchstädt

Durch die Eingemeindung von Ober- und Niederklobikau wurde Bad Lauchstädt zur jüngsten Anliegerstadt am Geiselsee. 1430 verliehen Merseburger Bischöfe dem Ort das Stadtrecht. In diesem relativ unbedeutenden Landstädtchen wurde um 1700 zufällig eine Mineralquelle entdeckt. Nachdem deren heilkräftige Wirkung durch die Universität Halle bestätigt worden war, kümmerte sich eine Herzogin um das Einrichten eines Bades. Zu letzterem gehörten die Einfassung der Quelle und der Bau von Kuranlagen. Als schließlich Lauchstädt bevorzugter Badeort des Dresdener Hofes geworden war, entstanden der Kursaal, eine Spielhalle und ein Sommertheater.

1802 wohnte J. W. von Goethe etwa 4 Wochen in der Stadt und kümmerte sich um die Einweihung des Theaters, auch seine Frau Christiane war eine gern gesehene Besucherin. Künstler und Gelehrte wie C. F. Gellert, Richard Wagner oder Friedrich Schiller weilten ebenfalls in der Stadt.

Später wurde der Theaterbetrieb mehrmals unterbrochen oder es fanden nur unregelmäßig Aufführungen statt. Seit 2008 darf Bad Lauchstädt den Namen „Goethestadt" tragen.

Ein ebensolcher Glücksfall wie die Entdeckung der Mineralquelle dürfte für die Stadt die anfangs erwähnte Eingemeindung von Klobikau sein. Am Nordufer des Geiseltalsees befindet sich nämlich an der Halde Klobikau ein Weinberg, auf dem seit 2000 ein Freyburger Winzer die Sorte Müller-Thurgau anbaut.

Zu Bad Lauchstädt, das ca. 10.000 Einwohner hat, gehören außerdem die Ortsteile Delitz am Berge, Schafstädt und Milzau.

Frankleben

Eigentlich gehört dieser Ortsteil zu Braunsbedra. Doch da dieses Dorf von großer Bedeutung für die Regulierung des Geiseltalsees und zugleich unmittelbarer Anlieger ist, wurde es in diese Rubrik mit aufgenommen.

Das Alter von Frankleben wird auf 1.500 Jahre geschätzt. Vermutlich wurde es in Form von zwei Dörfern (Ober- und Unterfrankleben) von den Warnen gegründet. Erst im 19. Jahrhundert erschienen in Aufzeichnungen die beiden Dörfer vereint als Frankleben. Es gab nahe dem Schloss eine Wassermühle, die von der Geisel angetrieben wurde.

Im 19. Jahrhundert verwandelte sich der Ort – bedingt durch ein Stahlwerk sowie die umliegenden Kohle- und Chemiebetriebe – in ein Industriedorf. Zur Zeit der Eingemeindung (2004) hatte Frankleben 1700 Einwohner.

In Ortsnähe befindet sich das Auslaufbauwerk für den Geiseltalsee sowie am alten Geiselbett eine Mess-Station für den Seepegel.

Pegelhäuschen

Wenn der Pegel +98 nn ereicht ist, fließt die Geisel wieder in den Merseburger Gotthardteich.

Überbaggerte Dörfer, die sich im Bereich des Geiseltalsees befanden

Naundorf lag ca. 2 km von Frankleben entfernt. Er wurde erstmals 1317 unter den Namen „Nuendorp" erwähnt. Das Dorf bestand anfangs aus einem Rittergut und 11 Bauernhäusern. Als in der Nähe eine Zuckerfabrik gebaut wurde, wurde das Gutshaus in eine Wohnkaserne umgewandelt.
1937 hatte Naundorf 667 Einwohner. Der Abriss begann 1954 und endete 1957.

Im 14. Jahrhundert wurde **Wernsdorf** zum ersten Mal erwähnt. Der imposanteste Bau war das Herrenhaus des Rittergutes. Außerdem gab es 10 Bauerngehöfte sowie zwei Häuser für Wächter und Hirten. Nahe dem Ort floss die Geisel an der Mühle Körbisdorf vorbei. Mit dem Bau der Eisenbahn bekam Wernsdorf einen Bahnhof, welcher von der Zuckerfabrik und der Grube Pfännerhall genutzt wurde. 1955 begann der Abbruch des Ortes.

Zütschdorf war ursprünglich ein fränkisches Dorf, das vermutlich um 531 u.Z. entstand. Im 18. Jahrhundert gab es in dem Ort 4 größere Bauerngüter, 5 kleinere Güter und 1 Hirtenhaus.
Infolge der Industrialisierung wurden manche Bauernwirtschaften zu Arbeiterwohnungen. 1936 erfolgte der Zusammenschluss mit Wernsdorf.
1956/57 wurde der Ort abgerissen

1318 wurde **Körbisdorf** erstmalig erwähnt. Er lag etwa 9 km südwestlich von der Altstadt Merseburg entfernt am linken Ufer der Geisel. Das Dorf bestand aus einem Rittergut, 13 Gehöften und einer Wassermühle. Durch den Bau der Zuckerfabrik erhöhte sich 1856 die Einwohnerzahl von 78 auf 117. Mit dem Abbau der Braunkohle kamen viele Fremdarbeiter in den Ort, so dass bis kurz vor der Umsiedlung 1955 dort 465 Bewohner in 163 Haushalten lebten. 1957/58 wurde das Dorf überbaggert. Bis 1958 fuhr die Straßenbahn durch das Dorf. Die Haltestelle war direkt vorm Gasthaus.

Benndorf wurde bereits im 9. Jahrhundert erwähnt. 1747 gehörten zum dortigen Rittergut 24 Utertanen-Häuser, 2 Wassermühlen, 1 Pfarre, 1 Schule, 1 Schenkhaus, 6 Drescherhäuser und ein Hirtenhaus.
Bedingt durch die starke Zuwanderung von Fremdarbeitern für den Braunkohleabbau wurde in Richtung Norden eine neue Siedlung gebaut. Später war Benndorf der Verwaltungsort für Körbisdorf und Naundorf. Von 1953–57 wurde Benndorf überbaggert.

Neumark/Petzkendorf ist vermutlich das jüngste Geiseltaldorf gewesen. Es wurde im 13. und 14. Jahrhundert als „Novum forum" erwähnt. In dem Dorf gab es das Wasserschloss Petzkendorf sowie eine Mühle und später einen Gasthof mit Tanz- und Theatersaal. Mit dem Bau der Eisenbahnlinie bekam Neumark einen Bahnhof und danach eine Post. 1920 wurde in der Petzkendorfer Flur eine Siedlung gebaut.
Auch dieser Ort bekam mit der Industrialisierung viel Zuzug. Rittergüter und Bauerngehöfte wurden zu Wohnungen umgebaut und neue Mietskasernen

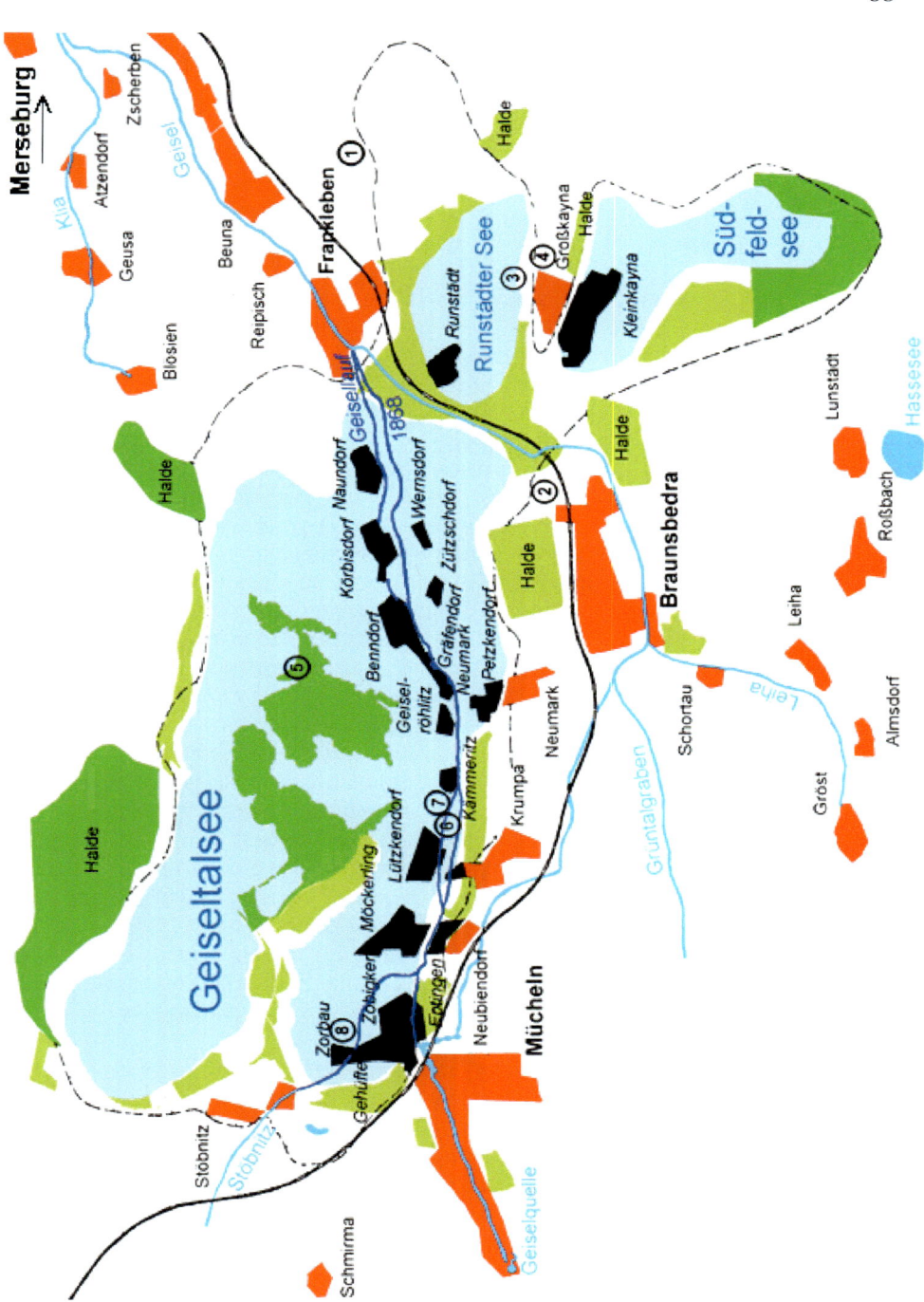

entstanden. Mit Neumark-Bahnhof und Neumark-Siedlung hatte der Ort 2 Straßenbahnhaltestellen.

Der Rest von Neumark–Siedlung wurde zu Braunsbedra eingemeindet.

1944 verwüsteten fast 200 Bomben das Dorf, auch die katholische Kirche wurde zerstört. In den 50er Jahren wurde der größte Teil des Ortes überbaggert. Teile der Siedlung Neumark kamen zu Braunsbedra.

Gräfendorf lag zwischen Benndorf und Neumark. Es wurde von der Geisel durchflossen und später eingemeindet. Außer einigen Häusern von Grubenarbeitern befanden sich dort die Villa des Direktors der Grube Leonhardt sowie eine Gärtnerei.

Geiselröhlitz/Rittersdorf wurde vermutlich von slawischen Siedlern im 9. Jahrhundert gegründet.

Obwohl es einer der kleinsten Orte im Geiseltal war, gab es eine Kirche und mehrere Rittergüter, die alle Erb-, Lehns- und Gerichtsbarkeit hatten. Ein späterer Eigentümer baute die Güter zu Arbeiterwohnungen um.

Vor dem Gasthaus, das auch als Kino diente, befand sich eine Haltestelle der Straßenbahn. Ab 1937 gehörte das Dorf zu Neumark und wurde 1966 überbaggert.

Das ebenfalls von slawischen Siedlern gegründete **Kämmeritz** lag unmittelbar an der Geisel. Durch das Dorf führte die Landstraße von Merseburg nach Mücheln, auf welcher sich auch die Gleise der Straßenbahn befanden. Seit 1928 existierte dort ein Schwimmbad, das jedoch 1944 durch Bomben zerstört wurde. Eines der bemerkenswertesten Gebäude war das „Café California".

Ab 1939 gehörte Kämmeritz ebenso wie Lützkendorf zu Krumpa.

Um 1966 wurden die letzten Reste des Ortes abgerissen.

Lützkendorf ist aus einer germanischen Ansiedlung hervorgegangen. Es gehörte seit 1880 zum Kirchspiel Krumpa und wurde 1939 zu Krumpa eingemeindet. 1936 begann dort die Wintershall AG mit dem Bau eines Mineralölwerkes, das gegen Ende des Zweiten Weltkrieges häufig bombardiert wurde

Krumpa wird 899 zum ersten Mal urkundlich erwähnt. Im Hersfelder Zehntverzeichnis erscheint 1196 ein Gutsbesitzer Heinrich von Crumpa, dessen Geschlecht mehrere Jahrhunderte existierte. 1575 hatte der Ort 52 Häuser und 219 Einwohner.

Als die Eisenbahnstrecke Merseburg–Mücheln gebaut wurde, bekam Krumpa einen Bahnhof.

Da durch den Kohleabbau die Brunnen versiegten, bekam Krumpa bereits 1909 eine Wasserleitung und 1912 elektrischen Strom. 1944 wurden durch Fliegerbomben zahlreiche Gebäude zerstört

Obwohl **Möckerling** bereits im 9. Jahrhundert existierte, wurde es erst im 15. Jh. urkundlich erwähnt. Es gab dort ein Rittergut, mehrere Bauerngehöfte, eine Mühle und eine Schmiede. Direkt vor dem „Gasthaus zum Anker" war eine Straßenbahnhaltestelle. Durch den Zuzug nach dem Ersten Weltkrieg sowie die Angliederung von Neubiendorf war die Einwohnerzahl auf nahezu

3000 angestiegen, für deren Bedarf unter anderem 2 Bäckereien, 2 Fleischereien und 2 Lebensmittelgeschäfte sorgten.

Zwischen 1962 und 1964 wurden die Schule, die Kirche sowie alle übrigen Grundstücke nach und nach abgebrochen.

Nach dem Abbruch von Möckerling blieb von **Neubiendorf** nur noch die Nordseite erhalten. Der Rest dieser 1919 gegründeten Bergarbeitersiedlung, in welcher sich auch ein Mehrzweckgebäude befand, das eine Kirche, einen Kindergarten und mehrere Wohnungen unter einem Dach vereinte, wurde von 1964 bis -68 überbaggert.

Wie schon der Name **Zöbiker** verrät, war der nach 800 gegründete Ort slawischen Ursprungs. Hier wurde 1668 in einem Wäldchen die erste Braunkohle im Geiseltal entdeckt und abgebaut. Um 1880 befanden sich dort eine Ziegeleianlage und ein Trockenschuppen. Im Dorf gab es ein Rittergut, eine Kirche, eine Schule, zwei Mühlen und ein Geschäftshaus, vor dem sich eine Weichenanlage der Straßenbahn befand. Ein sogenannter Sanitätsschlachthof (Freibank), der jährlich ca. 6000 Rinder und Schweine verarbeitete, war ebenfalls in dem Ort angesiedelt. 1968 erfolgte der Abbruch.

Die Kirchenglocken befinden sich heute in Merseburg-Süd bzw. in Merseburg-Kötzschen.

Zorbau wurde um 600 gegründet und erhielt im 12 Jahrhundert eine Kirche. Ende des 15. Jahrhunderts gehörte der dortige Backofen zu Eptingen, das dafür Zins und die Hälfte des Brotes bekam. Im Dorf befanden sich ein Ledigenheim, eine Sonderschule sowie der Gasthof „Zum Kronprinzen", zu welchem eine Ausspanne gehörte. 1968 wurde der Ort abgebrochen.

Anfang des 9. Jahrhunderts gründeten germanische Siedler **Eptingen**. Es gab ein Rittergut, zu welchem eine Wassermühle gehörte. Nahe der Endhaltestelle der Straßenbahn befanden sich die Gaststätten „Sprotte" und „Roter Hirsch", ein Kino mit 300 Sitzplätzen sowie eine Bäckerei. Dieser Stadtteil von Mücheln, der sich im Bereich der heutigen „Marina" befand, wurde Ende der 60er/Anfang der 70er Jahre des vorigen Jahrhunderts abgebrochen.

Vorausschau

Wer das Geiseltal von früher kennt, wird bei einem Besuch jedes Mal von Neuem durch die weitreichenden Veränderungen überrascht. Heute ist in dieser Region die Luft nicht mehr rauchgeschwängert und kein Kohlestaub bedeckt die Straßen der Städte und Dörfer sowie die Bäume in den Gärten. Wo einst in den Tagebauen die Stromabnehmer der E-Loks blitzten und die Bagger laut hupten, bevölkern inzwischen Wildenten und Kormorane die Restlöcher. Auch die Brikettfabriken und Kraftwerke, ehemals qualmende Wahrzeichen des Braunkohlereviers, gibt es nicht mehr. Aufmerksam und erwartungsvoll verfolgen die Anwohner die Veränderungen der Landschaft um den See, aber auch die Zahl der Besucher und Gäste wächst von Jahr zu Jahr.

Der Anfang für eine touristische Nutzung wurde bereits gemacht: So entstand am Südufer ein Radwanderweg, der einmal um den ganzen See führen soll, mehrere Aussichtstürme und eine Wetterschutzhütte wurden errichtet, am Nordufer entstehen derzeit Campingplätze und Badestrände, geplant ist eine Sommerrodelbahn. Dort befindet sich auch ein Weinberg, der künftig erweitert werden soll. In Mücheln und Braunsbedra wird an den Hafenanlagen gebaut. Die Maschinenhalle der ehemaligen Zentralwerkstatt des Tagebaues und der Brikettfabrik Pfännerhall soll noch attraktiver werden. Unaufhörlich entstehen neue Ideen, die auf ihre Realisierung warten. Eine solche Vision ist beispielsweise ein Museum am Geiseltalsee, und zwar bei Frankleben nahe der Fundstätte der Altelefanten. Vermutlich würde das ein touristisches Highlight!

Danksagungen

Ich danke den Stadtverwaltungen Braunsbedra und Mücheln sowie dem Interessen- und Förderverein Geiseltalsee, deren uneigennützige Unterstützung wesentlich zum Gelingen dieses Buches beitrug.
Mein besonderer Dank gilt Herrn Dr. Schoppe aus Mücheln, der mir Filmmaterial über die Renaturierung zur Verfügung stellte, Herrn Hirsch vom Förderverein Geiseltalsee, mit dessen Hilfe ich Fossilien fotografieren konnte, dem ehemaligen Raupenfahrer Herrn Kraneis, von dem ich manches über Tagebauböschungen lernte und dessen Frau mir vieles über die Geschichte des Geiseltals erzählte. Außerdem möchte ich mich bei Herrn Förtsch von der Marketinginitiative „Geiseltalsee", der mir eine Übersichtskarte zur Verfügung stellte, recht herzlich bedanken.
Ebenfalls danken möchte ich den ehemaligen Tagebaukumpeln von der Aussichtsplattform Neumark und den Stammgästen der Gaststätte „110", die mich mit Schreibanregungen versorgten.

Fotos

Interessen- und Förderverein Geiseltalsee, Stadtverwaltung Braunsbedra, Dr. H. Schoppe, Mücheln, Dr. W. Conrad, Halle, D. Kraneis, Mücheln, W. Gutjahr, Herr Förtsch, Übersichtskarte.

Literaturnachweis

„Das Geiseltal" – Interessen- und Förderverein „Geiseltalsee".
„Sagen und Geschichten aus dem Geiseltal" – Netzwerk Geiseltal Projekt.

Verleger Harald Rockstuhl und der Autor Werner Gutjahr
im April 2011 in Bad Langenalza.
Foto: Annekathrin Rockstuhl

Vita

Werner Gutjahr (Jahrgang 1932) war von 1955–58 Straßenbahnführer im Geiseltal. Anschließend arbeitete er in den dortigen Braunkohletagebauen fast 40 Jahre als E-Lokführer.

Nach einem Fernstudium am Literaturinstitut in Leipzig (1978–1981) schrieb er zahlreiche Beiträge für Zeitungen, Zeitschriften und Anthologien. Sein erstes von inzwischen 10 Büchern erschien 2002.

Heute lebt der Autor bei seinem Sohn im Thüringischen Stadtroda.